Antoni Gaudí

Antoni Gaudí 1852-1926

Sinnliche Konstruktion

Herausgegeben von José Luis Moro

Mit Beiträgen von
Peter Bak, Jordi Bonet i Armengol, Carlos Flores, Roel van der Heide, Wijnand Looise, Jan Molema, José Luis Moro, Harm Nordhoof, Jos Tomlow, Anna Trouerbach, Albert Welfing

Deutsche Verlags-Anstalt
München

Das Buch entstand anlässlich der Ausstellung „Antoni Gaudí 1852–1926" an der Universität Stuttgart, 10. Juni bis 15. Juli 2002.

Übersetzungen aus dem Niederländischen, Spanischen und Englischen
Cornelia Grosser, Jörg Haake, Christoph von Hausen, Heide Hinterthür, Susanne Komossa, José Luis Moro, Angelika Pfauth-Rottner

Redaktion und Ausarbeitung
Manuela Fernández Langenegger, José Luis Moro, Matthias Rottner, Birgit Schaffarra, Susanne Urban

Bibliografische Information der Deutschen Bibliothek
Die Deutsche Bibliothek verzeichnet diese Publikation in der Deutschen Nationalbibliografie; detaillierte bibliografische Daten sind im Internet über http://dnb.ddb.de abrufbar.

© 2003 Delft University Press, Delft, Niederlande
© 2003 Universität Stuttgart, Fachgebiet für Grundlagen der Planung und Konstruktion im Hochbau, Stuttgart
© 2003 Deutsche Verlags-Anstalt GmbH, München
Alle Rechte vorbehalten
Grafische Gestaltung: Manuela Fernández Langenegger und Susanne Urban
Satz: Fachgebiet für Grundlagen der Planung und Konstruktion im Hochbau, Universität Stuttgart
Umschlaggestaltung: Birgit Schaffarra

Abbildungen mit freundlicher Genehmigung von:
© Gaudí-Groep Delft, Hans Kruse
© Pere Vivas-Ricard Pla. Triangle-Postals
© Ramon Manent. Internationales Gaudí-Jahr 2002

Druck und Bindung: Printer Trento, Trento
Printed in Italy

ISBN 3-421-03457-5

Anna Trouerbach gewidmet

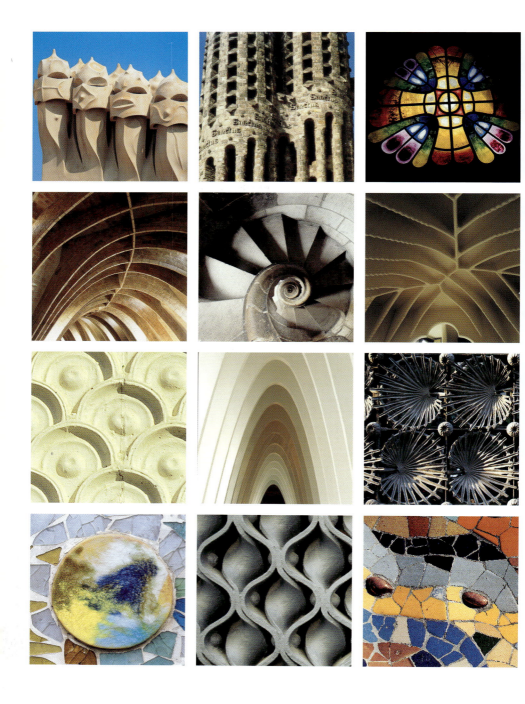

Vorwort des Herausgebers - *José Luis Moro*	11
Vorwort - *Jan Molema*	13
Einführung - *Jan Molema*	20
Bögen und gekrümmte Flächen - *Wijnand Looise*	38
Casa Vicens - *Roel van der Heide*	48
Pabellones Güell - *Wijnand Looise*	60
Colegio Teresiano - *Jos Tomlow*	70
Die Erker des Palacio Güell - *Peter Bak*	88
Bellesguard - *Anna Trouerbach, Jan Molema*	108
Casa Batlló - *Albert Welfing*	138
Casa Milá - *Roel van der Heide*	162
Escuelas de la Sagrada Familia - *Wijnand Looise*	190
Park Güell - *Harm Noordhof*	198
Die Cripta des Palacio Güell - *Jos Tomlow*	216
Gaudí und die Mayas - *Jan Molema*	250
Sagrada Familia, eine Kathedrale für das 21. Jahrhundert - *Jordi Bonet*	260
Die Urbilder moderner Architekturformen - *José Luis Moro*	272
Biographische Daten und Literaturverzeichnis	284

Kaum eine andere Architektur ist für die Wahrnehmung des architektonisch nicht Geschulten so zugänglich wie die Gaudís. Ihre vordergründig auffällige Seite, die kräftigen Farben, die plastische Ausdruckskraft, die stilisierten Tier- und Pflanzenformen, spricht die Sinne des Betrachters unmittelbar und intensiv an und bietet dem Auge des Laien, das sich mit dem verordneten Schwarzbrot der geraden Linie und des rechten Winkels nur widerwillig arrangiert hat, starke Stimulanz. Die Reaktion der orthodoxen modernen Architekturtheorie auf sein Werk war entsprechend von Geringschätzung und Unverständnis geprägt. Gaudí verstieß schon wegen seiner ausschweifenden Dekorationswut und seiner beredten Symbolik gegen das moderne Grunddogma der Abstraktheit und Ornamentlosigkeit. Seine Bauwerke, die fest in der handwerklichen Tradition seiner Heimatregion Katalonien verwurzelt sind, entsprechen nicht dem Bild des industriellen Produkts, der *Maschine*, der die Moderne stets huldigte.

Man hat dabei übersehen, dass Gaudís Werk aus anderen Quellen schöpft: nämlich aus der Tradition der handwerklichen, gemauerten Bogen- und Schalenkonstruktionen, deren gekrümmte und gewölbte Oberflächen seine Formensprache deutlich prägen. Die Übereinstimmung zwischen der Architekturform und der konstruktiven und statischen Logik seiner Bauwerke erweist sich bei einem näheren Blick als frappierend. Auch wenn seine Bauformen nur aus der kulturellen Momentaufnahme des katalanischen Jugendstils, des *Modernisme*, heraus erklärbar sind und deshalb für unser Verständnis nicht Stil bildend wirken können, stellen sie ein Zeugnis dafür dar, dass ausgeprägter Formwille und strikteste Materialgerechtigkeit sowie auch geometrisch-konstruktive Logik sich nicht von vornherein ausschließen, sondern – aus der richtigen Perspektive betrachtet – vielmehr *gegenseitig stützen*. Die Spaltung zwischen Intuition und Rationalität ist ein kulturelles Phänomen und existiert allein in unseren Köpfen.

Das vorliegende Buch, das aus der Stuttgarter Ausstellung und dem Symposium zum 150. Geburtsjahr Gaudís hervorgegangen ist, leistet einen Beitrag zum besseren Verständnis einer weniger beachteten, rational geprägten Seite des Architekten. Sorgfältig von der TU Delft zusammengetragene, detailliert aufbereitete und recherchierte Materialien zu seinen Bauten bieten einen ansonsten schwer zu gewinnenden Einblick in die konstruktiven Aspekte seines Schaffens.

Ich danke allen an der Durchführung der Stuttgarter Veranstaltung Beteiligten, welche mit ihrer Arbeit auch den Grundstock für diese Publikation gelegt haben, für das Engagement und die Energie, die diese Art von akademischer Auseinandersetzung mit einem Architektenwerk und einer damit verknüpften aktuellen Thematik erst möglich machen. Vor allem möchte ich hier die Mitarbeiter meines Fachgebiets erwähnen, allen voran Matthias Rottner und Manuela Fernández Langenegger. Der Deutsch-Spanischen Gesellschaft Baden-Württemberg, und hier insbesondere dem Spanischen Generalkonsul Diego Sánchez Bustamante, sei für die ideelle und großzügige finanzielle Trägerschaft der Ausstellung gedankt sowie dem Land Baden-Württemberg für die Schirmherrschaft.

José Luis Moro
Stuttgart, im Mai 2003

Collins und danach; einige Ergebnisse der internationalen Gaudí-Forschung seit 1960

„Die Stärke von Antoni Gaudí als Architekt lag in seinem sprühenden Einfallsreichtum beim Erfinden von Formen. Die Vielfalt und Ausdruckskraft dieser Formen als reine Skulpturen genügen, um ihn als einen bemerkenswerten modernen Künstler zu kennzeichnen. Aber sie sind darüberhinaus das Ergebnis ungewöhnlicher Tragwerkslösungen, eines phantasievollen Einsatzes von Material und eines einzigartigen Gespürs für das Ornament - drei traditionelle Attribute eines Meisterarchitekten. Fügt man diesem noch seine Fähigkeiten im Umgang mit so schwer greifbaren architektonischen Kategorien wie Raum, Farbe und Licht hinzu, so wird deutlich, warum wir heute von seinen wenigen und fast vergessenen Bauten so fasziniert sind" [1]. Dies schrieb der amerikanische Gaudí-Forscher George Collins vor mehr als 40 Jahren. Abgesehen davon, dass Gaudís Werke nicht mehr als *fast vergessen* gelten, hat Collins damals die Werke des Meisters und die ihnen immanente Qualität völlig zutreffend beschrieben.

Seit George Braziller Collins ausführlichen, aber ziemlich gekürzten Text veröffentlichte, entstanden nach und nach weitere Forschungsarbeiten, die sich zum Ziel gesetzt hatten, Gaudís Ideen und Arbeiten besser verständlich zu machen. Um 1960 beschäftigte sich nur eine kleine Anzahl von meist katalanischen Amateuren mit Gaudís Werk. Zu ihnen zählten bemerkenswerter Weise auch einige wenige progressiv denkende Architekten wie Le Corbusier, José Luis Sert, Jürgen Joedicke und der Architekturhistoriker Henry-Russell Hitchcock. 1957 organisierte Hitchcock eine Ausstellung über Gaudí und sein Werk im Museum of Modern Art in New York. Daraufhin erschienen einige Artikel von verschiedenen Autoren und 1960 Collins Buch. Der Einfluss von Henry-Russell Hitchcock darf nicht unterschätzt werden. Er war es, der in seinen Büchern über die *Pioniere der modernen Bewegung* und die Moderne selbst definierte, wer in der Architekturszene der späten 20er Jahre als modern zu gelten hatte [2]. Er bestimmte, wer die Pioniere und später die Protagonisten der modernen Bewegung waren. Er bestimmte auch, was zur modernen Architektur gehörte und was nicht. Der Funktionalismus, obwohl modern, jedenfalls nicht: es handelte sich für ihn um keine Architektur. Auch Gaudí gehörte nicht dazu.

Trotzdem machte sich Hitchcock für Gaudí verdient. Indem er 1957 die internationale Gaudí-Ausstellung im MOMA organisierte, verhalf er Gaudí zur Anerkennung außerhalb Spaniens, hauptsächlich in der angelsächsischen Literatur. Allerdings war J. J. Sweeney Hitchcocks Ausstellung mit seinem Artikel *Is yesterday's fantasy tomorrow's working geometry?* [3] zuvorgekommen. Viele Autoren hatten bis dahin angenommen, dass Phantasie die Grundlage von Gaudís Werk war [4]. Sie wurden, was Gaudí wahrscheinlich tatsächlich erreichen wollte, irregeleitet, und zwar durch ihr unzureichendes Wissen bzw. ihr mangelhaftes Erkennen der Art und Weise, in der ein Architekt ein proportionales System in seinem Entwurf einsetzt oder wie er seine Kenntnisse in der Berechnung von Kräften und Dimensionen anwendet.

Aber von 1960 an erfolgte dank Collins eine Annäherung an das Werk von Gaudí und änderte sich in eine realistischere, mehr auf die mathematisch-technischen Aspekte bezogene

Vorwort Jan Molema

Perspektive seiner Arbeit. Heute sind Le Corbusiers Skizzen von dem kleinen, aber wichtigen Schulbau auf dem Gelände der Sagrada Familia bestens bekannt. Er bewies damit, dass er sehr wohl das intelligente Tragwerk dieses weit unterschätzten Meisterwerks verstanden hat, in dem Gaudí all seine Entwurfsprinzipien vereint hat.

Collins betont in seiner Arbeit die ungewöhnlichen Tragwerkslösungen, den phantasievollen Einsatz von Material und das einzigartige Gespür für Ornament sowie für Raum, Farbe und Licht. Er hebt vor allem den *produktiven Einfallsreichtum bei der Formfindung* hervor [5]. In der Architektur wird *Licht* mittels Reflexen auf Oberflächen durch den Raum geleitet. Diese werden dadurch sichtbar, zeigen uns ihre *Farbe* und erhellen den *Raum* sowie alles in ihm Enthaltene [6]. Die *Dekoration* ist in Gaudís Werk Teil der Struktur, nicht etwas beigefügt, um ein *schlecht gelöstes Detail* zu kaschieren [7], wie bei so vielen Architekten der Fall. Wir müssen die Dekoration bei Gaudí als ein Teil der Struktur verstehen, die das Wesentliche des Gebäudes ausmacht. Tatsächlich wehrte sich Gaudí gegen Dekoration als Beifügung.

Wie wir bereits gesehen haben, sind die weiteren Inhalte von Collins Veröffentlichung *der Einsatz der Materialien* und die *Tragwerkslösungen*, die Gaudí beide nach geometrischen und statischen Gesichtspunkten wählte. Oder mit anderen Worten: Geometrie und Statik wurden in Gaudís Werk zum gemeinsamen Nenner der Form und ihrer Eigenschaften. Das ist der Grund, weshalb wir untersuchen müssen, welche geometrischen und statischen Prinzipien Gaudí angewandt hat. Collins konnte die *ungewöhnlichen Tragwerkslösungen* erkennen und, obwohl er es nicht so ausdrückte, wie das statische Verhalten in Gaudís Werk eine immer wichtigere Rolle spielte. Collins selbst hat auf diesem Gebiet offensichtlich keine intensive Forschung betrieben. Er gab eigentlich nur das wieder, was *Gaudinisten* wie César Martinell, Isidre Puig Boada und Luis Bonet Garí ihm erklärt und gezeigt hatten [8]. Andererseits scheint Collins nicht in der Lage gewesen zu sein, irgendwelche geometrischen oder graphostatischen Analysen der Gebäude Gaudís durchführen zu können.

Als wir dann gegen 1975 mehr als nur Oberflächliches über Gaudís Arbeit wissen wollten, gelang es uns nicht, geeignetes Schrifttum zu finden. Erst als wir die Gebäude aufnahmen und sie auf dem Reißbrett aufzeichneten während wir sie mit den Originalzeichnungen – sofern verfügbar – verglichen, entdeckten wir, was für eine Rolle Geometrie hier spielte. Wir kamen zum Schluss, dass sie in der Tat eine wesentliche Rolle in jedem von Gaudís Entwürfen spielte, den wir analysieren konnten. Unsere erste Mutmaßung lautete: Gaudí, in der Schule ausführlich in Naturwissenschaften unterrichtet, erkannte in seiner praktischen Tätigkeit bald, wie nützlich Geometrie und Statik als Entwurfswerkzeuge sein konnten [9].

Gaudí konnte sich glücklich schätzen, dass er zu einer Zeit studierte, in der Geometrie im 2. und 3. Studienjahr an der Polytechnischen Hochschule Barcelona gelehrt wurde und zum ersten Mal wissenschaftliche Verfahren zur Ermittlung von Lasten und Kräften veröffentlicht wurden, wie das grafisch-statische Verfahren von Cremona im Jahr 1871 [10]. Besonders dieses Verfahren muss Gaudí die Logik des Bogens als Mittel zur Lastabtragung bewusst gemacht haben. Die Berechnung eines geraden Balkens auf zwei Auflagern ergibt eine Parabel als Momentenlinie und damit die optimale Leitlinie für die Überbrückung einer Spannweite. Aber Gaudís Problem war, wie er zwei Arten von Geometrie in einem Gebäude verschmelzen konnte. Es handelt sich dabei um die euklidische Geometrie (Gerade, Dreieck, Kreis, Quadrat sowie die einfacheren Körper wie Quader, Pyramide, Kugel und Kubus) und um die nichteuklidische Geometrie, also die Kegelschnitte (Punkt, Kreis, Ellipse, Hyperbel und die zugehörigen Rotationsfiguren). Sein Hauptproblem bestand darin, einen Bogen unter Verwendung von rechteckigen Ziegelsteinen in ein Gewölbe zu verwandeln, sei es nun runder, parabolischer oder welcher nichtlinearen, aber rationalen Form auch immer.

Hierin liegt nun mit Sicherheit eine entscheidende Weichenstellung in der Architektur. Soll nun der Lösung, die sich aus der Berechnung ergibt, gefolgt werden, obwohl sie zu einer Form führt, die sich nur schwer mit den vorhandenen Bauelementen umsetzen lässt? Oder soll man die einfachste Bauweise verwenden? Was tun mit rechteckigen Steinen in einer nicht-rechtwinkligen Struktur? Gaudí passte immer mehr das Material der Form an, die ihm die Statik lieferte; dennoch passte jeder seiner Gebäudeentwürfe - auch die späteren - in einfache euklidische Grundformen. Er war zweifellos ständig auf der Suche nach einer Integration der euklidischen und nichteuklidischen Welt. Diese Schlussfolgerungen aus unseren ersten Studien wurden bestätigt durch tiefere, eingehendere und ausführlichere Felduntersuchungen. Die Rekonstruktion des Hängemodells in Stuttgart, eine nach Collins ungewöhnliche Tragwerkslösung, war naturgemäß der Durchbruch. Damit wurde ein für allemal deutlich, dass Gaudí ein Rationalist, ein Statiker, ein Ingenieur, ein Mathematiker, und folglich ein echter moderner Architekt war. Gleichzeitig wurde den Architekten bei den Arbeiten zur Sagrada Familia deutlich, dass Gaudís fundamentaler wissenschaftlicher Ansatz auch auf dieses Meisterwerk anwendbar ist.

Ich möchte mich nun zur euklidischen *Hemisphäre* hinwenden und zu dem, was sich davon in Gaudís Entwürfen finden lässt. Ich vertrete die These, dass Gaudí immer entweder einen Kubus oder ein Doppelquadrat als Grundform für seine Gebäude verwendet hat. Den Kubus finden wir immer dort, wo Gaudí ein freistehendes Gebäude wie Bellesguard oder den Bischofssitz in Astorga geplant hat. Das Doppelquadrat verwendete er gewöhnlich für Grundrisse auf Grundstücken, bei denen ganz oder teilweise an benachbarte Gebäude angebaut wurde. Dies ist die Regel, aber selbstverständlich gibt es Variationen, wie das Beispiel der Casa de los Botines in León zeigt, wo der unregelmäßige Bauplatz ein durchschnittliches Seitenverhältnis von 2:3 aufwies und voll ausgenutzt werden musste. Vergleichbar sind Casa Milá, Casa Batlló, Casa Calvet und Palacio Güell. Auch lokale Baubebestimmungen hatten ihren Einfluss und Gaudí befolgte sie sorgsam. Die Casa de los Botines hat beispielsweise eine Höhe von 16 m, das Maximum, was bei Plätzen und Straßen in der ersten Reihe akzeptiert wurde. Gleiches gilt für den Palacio Güell. Letztlich haben Tokutoshi Torii und Jordi Bonet mit ihren letzten Büchern die Ideen, die ich in meiner Doktorarbeit entwickelte, gestützt. Sie gingen sogar noch weiter. Während Torii fortfuhr, das Doppelquadrat zu untersuchen, kam Bonet kürzlich zur Schlussfolgerung, dass die Sagrada

Vorwort Jan Molema

Familia komplett auf der Grundlage einer einzigen Proportion entwickelt worden ist.

Das deckt sich mit unseren Ideen, die wir 1976 [11] zum ersten Mal in *Gaudí, rationalist met perfecte materiaalbeheersing* veröffentlichten. Dort wiesen wir auf den ständigen Einsatz von Modulen hin, wie z. B. (Vielfache von) 15 cm in der Casa Vicens, das Grundmaß der verwendeten Kacheln und Steine. Ebenso finden sich Module im Colegio Teresiano (M=96 cm=4x24; 24=Länge Ziegel) und im Palacio Güell (m=96 cm, basierend auf einer Reihe von 2-3-4-6-8-12-24-48-96). Wir entdeckten die Reihe 2,25-3,00-4,50 m als Höhenmaße und 21x21x87,5 cm als Grundrissmaße bei Bellesguard (die Gesamthöhe zwischen Erdgeschossfußboden und Terrasse schätzten wir mit 21 x 87,5 cm = 1837,5 cm). Und selbstverständlich wussten wir, wie auch andere, dass Gaudí ein Modul von 7,50 m für die gesamte Sagrada Familia festlegte. Als wir zu diesen Schlussfolgerungen gelangten, waren wir uns zwar nicht des ganzen zugrunde liegenden Systems bewusst, in welchem die mathematischen Prinzipien des Plans Cerdà eine wichtige Rolle spielen würden, wie wir später an Hand zahlreicher Beispiele gezeigt haben. Gaudí verband seine Kirche und die nahe liegende Schule in Standort, Dimensionen und Proportionen mit dem Ensanche, in welchem er gerade zu bauen sich anschickte. Der Plan Cerdà leitet sich in seiner Geometrie im Wesentlichen vom Ziegelstein ab. In der Theorie gilt der Ziegel als Ausgangspunkt für die Grundformen der Ebene und der kubischen Volumens. In der Praxis ist er der Ausgangspunkt für die Grundformen und Volumina, wie Gaudí sie wollte: gewellt wie der Boden

des Ensanche Barcelonas. Gaudí war sich dessen bewusst und entwarf dem entsprechend.

Gaudí beschränkte seine Entwürfe nicht nur auf den Kubus oder das Doppelquadrat. Gaudí überlagerte sie mit einem Proportionssystem aus einfachen Zahlen, wie 2 und 3, oder 3 und 4, um Räume und Konstruktion des Gebäudes sowie Standort und Abmessungen zu definieren. Dies verlieh dem Entwurf Komplexität, ohne ihn zu verkomplizieren. Er dachte nie daran, kompliziertere Proportionen zu verwenden, wie z. B. den Goldenen Schnitt. Wie auch Berlage, wählte Gaudí 8:5 , was dem Goldenen Schnitt sehr nahe kommt, sich aber als viel praktischer erweist [12]. Bonet Armengol ermittelte unlängst die Proportionsreihe der Sagrada Familia, von 7,5 cm aufwärts jeweils 3:4:6 (1/2 und 2/3 oder 1:2 und 2:3), womit er unseren Standpunkt untermauert.

Andererseits haben wir die kompliziertere, aber gleichzeitig logische nichteuklidische Formensprache. Die Formen gehören im Wesentlichen in die Welt der Physik. In der Architektur optimieren sie die Reflexion von Licht und Klang am und im Gebäude, ermöglichen das leichteste Tragwerk. Aber sie sind schwierig herzustellen. Auf diesem Gebiet leistete Mark Burry Pionierarbeit bei der Sagrada Familia, besonders im Steinschnitt. Das Gebäude der Sagrada Familia ist, seit Gaudí dort wohnte, ein faszinierendes Laboratorium. Heute mehr denn je. Man kann gegen die Idee sein, Gaudís Entwurf nach so vielen Jahren zu vollenden. Aber Gaudís Ideen können untersucht und angewendet werden. Die Kapelle in der Colonia Güell wurde ebenfalls zu einem Ort der Forschung. Wir kennen Tomlows Werk und die Arbeit von Rainer Graefe vor Ort. Und natür-

Vorwort Jan Molema

lich die Untersuchungen zur Restaurierung durch Albert Casals Balagué und José Luis und Antonio González Moreno-Navarro. Es gibt Pläne für ihre Vollendung und für den Bau von Kopien, aber wo ist das *neue* Gebäude, in dem die *Ideen*, die Gaudí hier entwickelte, getestet werden könnten? Die Untersuchungen an der Sagrada Familia sollten ausgeweitet, nicht nur beschränkt werden auf das Gelände der *manzana*, auf der die Kirche steht. Das ist das Problem. Die Arbeit daran hat einen zu starken Weihrauchgeruch für den fortschrittlichen Architekten von heute. Der Arbeit gelingt es nicht, sich vom Heiligenschein zu befreien. Das macht die Verbreitung von Gaudís Ideen und ihre Anwendung auf nichtreligiöse Architektur nahezu unmöglich. Wir möchten Gaudís Erbe *unter das Volk bringen*, um seine Ideen auf die Architektur von heute und morgen anwendbar zu machen. Hierfür eignet sich der Einsatz des Computers. Was Gaudí im Kopf hatte ist heute sehr viel leichter zu realisieren als in seiner Zeit. Er war seiner Zeit voraus und allein mit seinen Ideen. Heute können viel mehr Architekten - sofern sie gut ausgebildet sind - aus Gaudís Ideen schöpfen, wenn es das ist, was wir wollen. Gaudí kann mehr darstellen als nur ein historisches Phänomen.

Die statischen Vorteile von Gaudís Prinzipien können heute schließlich gebührend wahrgenommen werden, nachdem die Gewölbe über dem Hauptschiff der Kirche gebaut worden sind. Gaudí arbeitete schon daran in der Kirche für die Colonia Güell, hautsächlich im Vorbau der Krypta, aber in der Sagrada Familia sehen wir auch die Ergebnisse der Erforschung von Gaudís Theorie der Baumgeometrie. Hier kann man von einer dritten, Gaudí eigenen Geometrie sprechen. Dies ist die Geometrie, die letztendlich in einer befriedigenden Art und Weise die euklidische und die nichteuklidische integriert. Von ihr aus kann eine neue Architektur entstehen.

Anmerkungen

1   Collins, George R.: *Antonio Gaudí*, New York 1960

2   Sowie die Ausstellung, die er 1932 mit Philip Johnson im Museum of Modern Art, MOMA, in New York organisierte.

3   *Architectural Forum CIV,* New York, März 1956. Sweeney liegt es   fern, nach Rationalität in Gaudís Arbeitsmethode zu suchen. Sein Buch,   das er später zusammen mit José Luis Sert anfertigte, ist voll von   Vergleichen mit natürlichen oder kulturellen Dingen, so wie konische Schalen und Türme, ohne die gemeinsamen mathematischen Grundlagen zu analysieren. *Antonio Gaudí*, Buenos Aires, 1961.

4   Pevsner, Nikolaus: *The sources of modern architecture and design*, London 1968; S. 108 a/o. In *An outline of European architecture*, Harmondsworth 1953, erwähnt Pevsner Gaudí nicht einmal. Aber auch Hitchcock setzt Gaudí in *The Pelican history of art; architecture; nineteenth and twentieth centuries*, Harmondsworth 1977 (1958), S. 410 etc. mit Phantasie in Verbindung

5   Form ist etwas Grundlegendes in der Architektur oder genauer, die Form der Massen, von der sich die Form des Raums herleitet. Ich gehe davon aus, dass Collins die Form der Massen meint, nicht die des Raums, obgleich mir dies nicht vollständig klar erscheint.

6   Collins vergaß die wichtigen Aspekte des Schalls (Reflexion) und des Geruchs, beide in der architektonischen Forschung in der Tat weit unterbewertet, insbesondere letzterer.

7   Gaudí in seinem Tagebuch

8   Vor allem Puig Boada hatte eine profunde Kenntnis von Gaudís tragwerkstechnischen Einsichten, sogar in hohem Alter, wie wir festgestellt haben. Aber seine Kenntnisse scheinen sich auf die Krypta in der Colonia Güell sowie die Sagrada Familia zu beschränken.

9   Molema, Jan: *Un camino hacia la originalidad*, Santander 1992, S. 27-40. Auch interessant ist der *Essay on the theory and history of cohesive construction applied especially to the timbrel vault* von R. Guastavino, in dem er über seine ehrwürdigen Professoren Juan Torras und Elias Rogent (S. 9) schreibt. Siehe auch Aart Oxenaars Schrift.

10   Vergleiche zu Gaudís Ausbildung: Molema, Jan: *een weg tot oorsprnkelijkheid*, Delft 1987. Auch in Spanisch: *Antonio Gaudí, un camino hacia la originalidad*, Santander 1992. Ferner ist es ziemlich sicher, dass es die Anwendung moderner Bemessungsverfahren war, was die Probleme hervorrief, auf die Gaudí mit dem Ministerio de Gracia im Zusammenhang mit dem ersten Entwurf des Bischofspalasts in Astorga stieß. Molema, Jan: *Un camino ...* S. 144.

11   *Gaudí, rationalist met perfecte materiaalbeheersing* erschien als der Katalog einer gleichnamigen Ausstellung. Es wurde ergänzt und als Buch veröffentlicht in den Jahren 1979, 1987 und 1989 bei Delft University Press.

12   Er tat dies beispielsweise beim Grundriss der Casa Calvet, wie ich in *Un camino ...*, Abb. 535, nachwies. Zu Berlage und seinem Umgang mit Proportionen siehe: Molema, Jan: *Berlage's Beursconcept and method*, The Journal of Architecture, Bd. 4, 1999.

Vorwort   Jan Molema

Als wir Mitte der siebziger Jahre zum ersten Mal zu Forschungszwecken nach Barcelona reisten, war unsere Meinung über Gaudís Arbeit noch ganz von dem Bild geprägt, das in der allgemeinen Architekturdebatte der letzten Jahtzehnte über ihn entstanden war. Gaudís Werk galt als irrational, ungestüm, übertrieben, phantastisch im eigentlichen Sinne des Wortes, es sei unbegreiflich, zudem außerordentlich kostspielig und konstruktiv unlogisch; Gaudí galt also für eine Weiterentwicklung der Architektur als uninteressant. Wir waren, so wie viele Interessierte, durch Theoretiker wie Charles Jencks beeinflusst, der das Haus Batlló als *„einen Haufen Knochen und Harnische"* beschrieb, *„gekrönt mit einem muffigen Drachen, der stumpfsinnig nach Madrid blicke".* Die Betrachtung von Gaudís Werk vor Ort zeigte uns aber, dass Architektur nach einer prinzipielleren Stellungnahme und einer vollen Beherrschung der Baudisziplinen verlangt. Unser Respekt vor Gaudí hat sich mit der Zeit dann auch immer mehr zur Bewunderung gewandelt, eine Bewunderung, der wir mit diesem Buch Ausdruck verleihen möchten.

Einführung Jan Molema

Die damals existierende Literatur

Obwohl von Gaudís Werk und den „Gaudínisten" einige gute katalanische und spanische Bücher existierten, waren nur sehr wenige Publikationen in geläufigen Sprachen wie Deutsch, Französisch oder Englisch vorhanden. In Anbetracht der Tatsache, dass nur wenige Gaudí-Autoren Katalanisch lesen können, wurde also alles Wissen über Gaudís Werk außerhalb Spaniens nur auf indirekte Weise weitervermittelt, dies verursachte natürlich Verständnis- und Interpretationsprobleme. Darüber hinaus ging viel des ursprünglichen Materials von Gaudí im spanischen Bürgerkrieg verloren, das Studieren der Arbeiten Gaudís wurde dadurch nicht einfacher. Es kommt noch hinzu, dass Spanien lange Zeit "out of bounds" gewesen ist.

Also war das umfangreiche Werk von César Martinell: *Gaudí, su vida, su teoría, su obra,* das Standardwerk für Gaudí-Studien, auch schon deshalb, weil hiervon eine gute englische Übersetzung vorlag.[1] Im Spanischen gab sonst noch eine ziemlich umfangreiche, allerdings mit wenigen Zeichnungen versehene Ausgabe zum Werk Gaudís: Ráfols, Josep F. und Folguera, F.: *Antoni Gaudí*, Barcelona 1929. Diese ist kurz nach dem Tode Gaudís im Jahre 1926 publiziert worden und schien auch für Martinell eine wichtige Informationsquelle gewesen zu sein.[2]

Von Gaudí selbst ist kaum ein geschriebener Text vorhanden. Wohl wurden seine späteren Gedanken von einigen jüngeren Zeitgenossen auf Papier festgehalten und nachher auf Spanisch und Katalanisch herausgegeben.[3]

Die Sichtweise Gaudís wurde uns allerdings erst wirklich verständlich, nachdem wir sein Werk an sich sorgfältig und vergleichend studiert hatten. Von da an erschien uns seine Arbeit nicht mehr ausgefallen, sondern äußerst konsequent zu sein.

Antonio Gaudí i Cornet (Reus 1852-Barcelona 1926)

Die uns damals bekannte Literatur drückte sich über Gaudís Persönlichkeitsstruktur nur sehr vage aus. Wir konnten sehr wenig über die persönlichen Beziehungen, die Gaudí gepflegt hat (oder auch nicht) in Erfahrung bringen. Die Literatur weist sogar auf den jeweiligen Verfassern akzeptabel erscheinende Seitensprünge im Liebesleben des Architekten hin, zum Beispiel Affären mit schon verlobten oder liberal denkenden Damen. Diesen Autoren zufolge hat Gaudí sich offenbar später von den Frauen abgewandt. Ein anderes Verhaltens kam bei ihm nicht in Frage, so wurde Gaudí zu einer Person, die jeden Kontakt auf persönlicher Ebene zu anderen ablehnte. Vielleicht war es Gaudí aufgrund der Ethik seiner Umgebung nicht möglich, sich als Mensch in anderer Form zu entfalten. Oder er war so von diesem ethischen Bewusstsein durchdrungen, dass er selbst glaubte, diesen „königlichen Weg" beschreiten zu müssen, was allerdings nicht mit der liberalen, wenn nicht sogar freizügigen Atmosphäre Barcelonas in Einklang zu bringen ist. Wir müssen uns in diesem Zusammenhang vor Augen halten, dass sich Gaudí nach den Ausführungen seiner Autoren mit Vorliebe in bürgerlichen Kreisen aufhielt.[4]

Die Politik

Obwohl sich Gaudí nicht besonders mit Politik beschäftigt zu haben scheint, wurde sein Auftragspotential doch

Einführung Jan Molema

Abb. 08 Sagrada Familia, Querschnitt.

stark durch sie beeinflusst. Die Aufträge gelangten aus dem kooperativen System über liberale Fabrikanten und eine (politische) Mission an die Koorporative der Sagrada Familia. Seine Aufträge, die er vom obersten kirchlichen Vorstand und äußerst gläubigen Laien, wie dem Auftraggeber der Sagrada Familia, erhielt, kamen sicher nur in geringem Maße den Nöten des industriellen Proletariats entgegen, das durch seine Arbeit die Initiativen von Kirche und Kapital für die Initiatoren umsetzen musste. Unter diesen Initiatoren muss vor allem der Marquis von Comillas genannt werden, der in engem Kontakt zu dem späteren Grafen Güell stand, sowie die Bischöfe von Astorga, Mallorca und Vich.

Ein Beispiel, das zeigt, wie in den Adelsstand gehobene Großindustrielle mit Kirche und Staat zusammenarbeiteten und in dem auch Gaudí eine Rolle spielte, war die Mission nach Marokko. Es handelte sich dabei um den Versuch, einen wirtschaftlichen Ersatz für Kuba zu finden, eine Kolonie, die Spanien zusammen mit den Philippinen an die USA abtreten musste. Dazu kam, dass 1895 alle Weinreben Kataloniens durch die Reblaus vernichtet worden waren. Die Mission, die auf Wunsch der spanischen Regierung unter Leitung des Adligen López y López, Marqués de Comillas, stand, hatte die Kolonisierung des Landes zum Ziel, verbunden mit militärischer und finanzieller Unterstützung. Zudem musste die Sagrada Familia die „Kathedrale der Armen" werden. Zu Gaudís Ehrenrettung muss allerdings erwähnt werden, dass er sich nach seiner anfänglichen Ära als Bonvivant später mit einem sehr bescheidenen Lebensstil begnügte.

Ein weiterer wichtiger Aspekt im politischen Geschehen Kataloniens, der auch Gaudí beeinflusst haben muss, darf nicht ungenannt bleiben. Im Kampf um soziale Gerechtigkeit hat der Anarchismus eine Rolle gespielt, die stets unterbewertet wurde.[5]

Unter dem Einfluss des italienischen Anarchisten Fanelli entstanden in Spanien eine Anzahl starker Kerngruppen, unter anderem auch in Barcelona. So wie der Marxismus im nördlicheren Teil Europas an Einfluss gewann, fasste der friedliche Anarchismus von Proud'hon, Bakounin und anderen im Süden Fuß. In Spanien kam der Anarchismus in reorganisierter Form vielleicht stärker zum Vorschein als irgendwo sonst. Beginnend in den 60er Jahren des 19. Jahrhunderts, zu der Zeit, als Gaudí nach Barcelona zog, trat der Anarchismus in den 90er Jahren in eine sehr wichtige Phase. Danach wurde er oft mit radikalrevolutionären Gruppen und Individuen verwechselt.

Auch damals schon wurde der „Romantik" des Bombenwerfens mehr Aufmerksamkeit geschenkt als offizieller Gewaltanwendung, die immer wieder die Ursache von Aufständen wie dem der Semana Trágica im Jahre 1909 war. Dieser Aufstand begann mit einem allgemeinen Arbeiterstreik (das übliche Mittel der Anarchisten, um gesellschaftliche Veränderungen zu bewirken). Auslöser war die Tatsache, dass Truppen nach Marokko gesandt wurden, wo Spanien, wie schon berichtet, sich an einer Kolonisierung im herkömmlichen Sinne versuchte. In der Sagrada Familia finden wir von dieser Episode eine Wiedergabe in Form einer kleinen Bildergruppe, in der ein Arbeiter von einem Ungeheuer eine Bombe in die Hände gedrückt bekommt - nicht gerade eine Ode an den Mut der Proletarier im Aufstand gegen ihre Ausbeuter.

Einführung Jan Molema

Abb. 09 Casa Batlló. Ansicht des Balkons an der Fassade. Deutlich ist, daß diese Balkone auf der gleichen Ausgangsform basieren, als die Casa Calvets

Abb. 10 Casa Calvet. Ansicht des Balkons an der Fassade

Die Umgebung

Wir glauben aus der Literatur herauslesen zu können, dass Gaudí wenig Interesse dafür zeigte, was sich außerhalb Kataloniens abspielte. Er sprach selten Spanisch, dann nur gegenüber Fremden, und war nach eigener Aussage davon überzeugt, dass es kein besseres Volk als das der Katalanen geben würde. Selbst in Katalonien bevorzugte er noch die Einwohner, die am nächsten bei Reus wohnten.[6] Dieses sehr stark eingegrenzte Interesse bot natürlich den Vorteil, dass Gaudí sich umso mehr auf das konzentrieren konnte, was sich innerhalb seines Gesichtsfeldes abspielte.[7] Von dem Projekt in Comillas sagt man, dass er es nie mit eigenen Augen gesehen hat, in León oder Astorga ist er nur selten gesehen worden. Auch nahm er die Angebote von Güell nicht an, ihn auf seinen Auslandsreisen zu begleiten, selbst nicht zur Weltausstellung in Paris, wo seine Entwürfe gezeigt werden sollten. Zur gleichen Zeit sorgten in Paris, dem Mekka der Kunst, verschiedene Spanier aus dem Bekanntenkreis von Gaudí für Aufsehen, darunter auch Pablo Picasso, der als sehr junger Künstler die abstrakten Dekorationen von Gaudí gesehen haben muss.[8]

Inwieweit die Außenwelt über Literatur oder Erzählungen bis zu Gaudí durchdrang, ist uns nicht klar. Er muss während seiner Ausbildung den zu seiner Zeit als klassisch geltenden Lehrstoff verinnerlicht haben, worin das theoretische Werk von Viollet-le-Duc nach eigenen Aussagen einen wichtigen Platz eingenommen hat.[9] Darüberhinaus ist zweifellos der Einfluss von Eusebio Güell sehr wichtig gewesen. Güell kam auf seinen Reisen ins Ausland oft in Kontakt mit Künstlern und befreundeten Kunstmäzenen. Über ihn erfuhr Gaudí zum Beispiel von den Theorien von Ruskin und der Entwicklung der Gartenstadtidee, die er in der Colonia Güell und im Park Güell verarbeitet hat. Alles in allem ist es erstaunlich, wenn man sieht, wie Gaudí in diversen Punkten seinen Zeitgenossen voraus war. Er muss die Gedankensphäre und die Möglichkeiten seiner Epoche lange Zeit vorher gespürt haben.[10]

Als er sich zurückzog um sein Hauptwerk, die Kirche der Sagrada Familia, zu schaffen, wurde sein Fachwissen allerdings mehr und mehr von einer dem täglichen Leben abgewandten Mystik durchzogen, die die strukturellen Entwicklungen dem geistigen Auge derjeniger Betrachter entzog, die ebenso leidenschaftlich wie er auf der Suche nach einem neuen Baustil waren, welcher primär strukturell sein musste. So zum Beispiel Theo van Doesburg, der beim Fällen seines Urteils über Gaudí nicht sehr gut orientiert gewesen zu sein scheint. Er nannte Gaudí einen Professor (eine Ambition, die Gaudí nie gehabt hat) und sprach über die soeben fertiggestellte Kathedrale in Barcelona, wo doch jeder weiß, dass diese bis heute noch nicht vollendet und zudem keine Kathedrale ist.

Mit unserer Arbeit haben wir versucht, den Grauschleier über dem Werk dieses katalanischen Meisters etwas zu lüften und seine Lehre von falscher Romantik zu befreien: zum Beispiel vom Mythos, dass er seit 1914 aus religiöser Inbrunst nur noch an der Sagrada Familia arbeiten wollte. Gaudí war aus finanziellen Gründen wohl oder übel gezwungen, sich von 1910 bis zu seinem Tode im Jahre 1926 mit der Sagrada Familia zu begnügen.

Durch die allgemeine Depression infolge der Kolonialkriege blieben private Aufträge aus und Güell musste seine Mäzenenjacke ablegen. Der

Einführung Jan Molema

Weltkrieg sorgte auch nicht gerade für Gewinne und so endete eine wirtschaftliche Blütezeit. Auch das „Modernismo" verschwand damit. Die Politik hingegen blühte wie beinahe nie zuvor. Gaudí hat sich, wie schon gesagt, im Gegensatz zu einigen bekannten Kollegen aus seiner Zeit fast überhaupt nicht politisch engagiert, es sei denn, es ging um Katalonien, für den er sich fast fanatisch engagierte.

Gaudí und seine Einordnung in der Architektur

Infolge des weitverbreiteten Bedürfnisses, Menschen und ihre Leistungen in Klassen und sogenannte Strömungen oder Stilrichtungen einzuordnen, entstehen Missverständnisse. Eines davon ist, dass Gaudí ein „modernistischer" Architekt gewesen sein soll. (Modernismo ist die katalanische Variante des Jugendstils). Die Einordnung von Gaudís Werk geschieht über die "Erinnerung" an zuvor aufgestellte, allgemeine Stilmerkmale. So heißt es, dass er in seinem früheren Werk sehr stark unter dem Einfluss der alten maurischen Architektur in Spanien sowie der Gotik gestanden hätte. Später spielte auch der Barock eine wichtige Rolle und auch kubistische, expressionistische und naturalistische Stilmerkmale könne man in seinem Werk erkennen, selbst der dorische Stil sei bei ihm verarbeitet worden. Über diese Stileinordnungen stülpt man nun noch die Klassifikation als Modernist. Weil

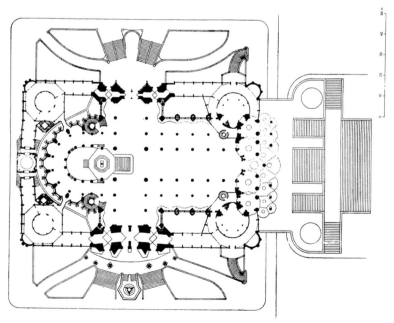

Abb. 11 Sagrada Familia, Schemazeichnung des Grundrisses

nun gerade diesem „Stil" zu Eigen ist, dass er sich von traditionellen Stilkennzeichen losgelöst hat, muss bei derartiger Einordnung Gaudís in die Architekturgeschichte eine Unrichtigkeit vorliegen.

Ich könnte nun damit anfangen zu behaupten, dass Gaudí sich nicht auf diese Weise klassifizieren läßt. Man könnte weiterhin behaupten, dass die bewerteten Merkmale nicht richtig oder unvollständig interpretiert worden sind oder für Klassifikationszwecke unbrauchbar sind.

Unser Ausgangspunkt ist letzterer. Wir haben dafür folgende Überlegungen angestellt:

- Gaudí hat sich in seinen Äußerungen selten in scharf umgrenzten Begriffen der Stillehre ausgedrückt.

- Insoweit er Begriffe wie Gotik, Barock, Klassik etc. überhaupt gebrauchte, meinte er in seinen überlieferten Äußerungen nicht äußerliche, „vorgeblendete" Merkmale, sondern die mit der Architektur zusammenhängenden, räumlichen Entwicklungen. Darunter versteht man: die gezielte Anwendung von bestimmten Materialien im Raum unter gleichzeitiger Berücksichtigung aller Eigenschaften bis hin zum Erreichen des vorausgesetzten Zieles, der Funktion.

- Im Werk Gaudís kommen Bilder vor, die man auf die genannten Stilbegriffe zurückführen könnte. Wenn man eine derartige Beschreibung verwendet, so geschieht das aus Mangel an besser geeigneten Um- und Beschreibungsnormen.

- Gaudís oft wiederholte Aussage *„Originalidad es volver al origen"* (Originalität bedeutet zurückgehen zum Ursprung) steht im Widerspruch zu der auf Äußerlichkeiten beruhenden Übernahme von Stilmerkmalen.

- Wir entdeckten eine Vielzahl von Merkmalen in seiner Arbeit, die uns für die Beschreibung relevanter erschienen als festgelegte Stilkategorien, und die zudem für den Architekten besseres Studienmaterial lieferten als das, was bis dahin zugänglich war.

Eine Ergänzung zum Kritischen System von Paul Frankl

Obwohl sich Vitruv in seinen Büchern nur zum kleineren Teil dem „Venustas" (wie wird etwas mit den Augen des Beobachters wahrgenommen) gewidmet hat, zu einem größeren Teil aber neben der „Firmitas" (wie macht man etwas) der „Commoditas" (genügt das Gebäude den geforderten Funktionen), findet man in der späteren Literatur immer mehr Venustas im Sinne des ästhetisch-symbolischen Aspektes und immer weniger Firmitas und Commoditas: Mit welcher Kenntnis von Material, Raum und Funktion kommt ein Entwerfer zu seinem Gebäudekonzept? Wenn man auf diese, inzwischen zur Tradition gewordene Art und Weise das Werk von Architekten untersucht, so bleiben dabei wichtige Entwurfsfaktoren unberücksichtigt.

Einer dieser wichtigen Aspekte wurde 1914, zu einer Zeit, in der Soziologie und Psychologie an Bedeutung gewannen, durch Paul Frankl eingeführt. Neben die traditionelle Einordnung von Architektur, die ich in diesem Zusammenhang Stillehre nannte, erstellte er ein kritisches System mit folgenden Kriterien:

- Räumliche Komposition

- Behandlung von Volumen und Fläche
- Behandlung von Licht, Farbe und anderen optischen Effekten
- Verhältnis Entwurf/soziale Funktionen.

Gegenüber Vitruv bedeutet das eine Verschiebung. Die soziale Relevanz war übrigens auch bei Vitruv wichtig, doch war es höchstwahrscheinlich bei Frankl dennoch eine Wiederentdeckung, da dieser Begriff vor seiner Zeit nicht in der Architekturbeschreibung bekannt war.[11]

Wir haben in unserer Arbeit den Versuch gemacht, die Wichtigkeit von Materialgesichtspunkten, auch von unsichtbaren, in der Architektur und ihrer Beschreibung deutlich zu machen, was also eine Ergänzung zu Frankls System bedeutet und zu Vitruvs Ideen paßt. Die Tatsache, dass wir diesen Versuch anhand des Werkes von Gaudí anstellen, das zudem vielen Leuten unverständlich ist, ist weniger verwunderlich als es zunächst erscheint, wenn man bedenkt, welche Kategorien er laut eigenen Aussagen für wichtig hielt:

- örtliche Situation (die ihm Denk- und konkretes Material lieferte, zum Beispiel die Geschichte des Bauplatzes und der vorkommende Naturstein)
- Maße (Material im Verhältnis zu Raum und Mensch)
- Materie (Farbe)
- Form
- Stabilität (Konstruktion)[12]

¡Los Nórdicos atacan!
(Die Nordmänner kommen!)

Wie eben erwähnt, hat Gaudí öfters gesagt: *Originalidad es volver al origen.* Man soll den Ursprung der Dinge erkennen lernen. Dazu muss man das Bestehende analysieren, eine Disziplin, die für das Ausüben von Architektur unentbehrlich ist. Analysen wurden zum Kern unserer Arbeit. Wir hätten gerne das ganze Werk Gaudís studiert. Im zweiten Durchgang haben wir uns jedoch ziemlich eingeschränkt. Wir trafen unsere Wahl so, dass sie in den Rahmen der Disziplin fiel, aus der unsere Aktivitäten gekommen waren, nämlich der Baumethodik. Wir waren davon überzeugt, dass diese Arbeitsweise, wenn sie weiter fortgesetzt werden würde, noch viele wichtige Ein-

Abb. 12 Sagrada Familia. Modell vom Hauptschiff

Abb. 13 Sagrada Familia. Modell-Werkstatt

zelheiten aufdecken könnte, wie zum Beispiel bei einer weiteren Untersuchung der Sagrada Familia.[13]

Man hat uns vorgeworfen, dass wir die Sagrada Familia außerhalb unserer Betrachtung hielten, weil ansonsten unsere These „Gaudí, ein Rationalist mit perfekter Materialbeherrschung" anfechtbar geworden wäre. Dennoch ist dies nicht richtig, denn so einfach verhält es sich nicht. Gerade die Sagrada Familia könnte der Entwurf sein, der unsere These definitiv untermauert, jedoch traf diese These für uns auch ohne dieses Bauwerk zu. Die Sagrada Familia war für uns allerdings wohl das Bauwerk, das uns am meisten Probleme bereitete, einerseits wegen des touristischen Rummels um dieses Gebäude und andererseits wegen seiner mystischen Atmosphäre.

Soweit ich verstanden habe, ist der Begriff der Mystik für Gaudí ein sehr realer Begriff mit ganz eigenen begrifflichen Regeln gewesen. Darum ist die Sagrada Familia ein sehr streng organisiertes Bauwerk mit einer, für einen sich nüchtern und rational einschätzenden Nordeuropäer, übertriebenen Symbolik. Versucht man sich in diese Sprache zu versetzen, so wird auch dieses Werk des großen Meisters für jeden Anfänger verständlich. Wir hatten damals Mühe damit, die Sprache der Sagrada Familia, die die Sprache von Rom in Katalonien verkörpert, inhaltlich nachzuvollziehen. Ihre Struktur scheint zeitweilig von Gaudí sehr genau verfolgt worden zu sein. Jedenfalls haben wir uns die Mühe gemacht, wegen dieses Bauwerkes noch eine besondere Reise nach Barcelona zu unternehmen. Die Aussagen der beiden Architekten, die an der Sagrada Familia arbeiten, Luís Bonet Garí und Isidre Puig Boada, überzeugten uns definitiv von der Ratio im Werk Gaudís.

Dass im Buch kein eigenes Kapitel über die Sagrada Familia vorkommt, hat also folgende Gründe:

• In der Sagrada Familia finden wir Elemente wieder, die in verschiedenen Kapiteln unseres Buches behandelt sind. Es ist als Hauptwerk von Gaudí, an dem er schon zu Beginn seiner Laufbahn arbeitete und mit dem er heute noch beschäftigt wäre, wenn er noch leben würde, ein Musterbeispiel aller Elemente aus seinem Tätigkeitsfeld, die für ihn wichtig waren.

• Eine vollständige Studie über die Sagrada Familia wird durch den enormen Umfang des Werkes erschwert. Außerdem sind wir davon überzeugt, dass Gaudí, wenn er noch am Leben wäre, noch viele Veränderungen durchgeführt hätte, von denen wir heute nicht einmal eine vage Vorstellung haben. Nur die vor einigen Jahren verwirklichten Türme mit dem Passionssportal (Porta de Passió) sind zusammen mit der Sakristei so weit von Gaudí entwickelt worden, dass die Architekten Bonet Garí und Puig Boada, die letzten, die Gaudí noch selbst gekannt haben, mit recht genauer Kenntnis von Gaudís Zielsetzungen daran arbeiten konnten.

Eine Auswahl von Projekten und Aspekten

Vor allem muss man verstehen, dass mehrere Gebäude, mit denen Gaudí zu tun hatte, nicht gänzlich von ihm entworfen und realisiert worden sind. Die Sagrada Familia wurde nicht von Gaudí begonnen, und als er starb, war nur ein Turm vollendet und die vorhandenen Pläne waren sehr unvollständig. Er hatte wohl zunächst gedacht, das ganze Projekt konzipieren zu können,

Einführung Jan Molema

hat aber bald die Idee verworfen, er könne selbst noch alles vollenden.

Einige Projekte von Gaudí befinden sich außerhalb Barcelonas in Astorga, León und bei Santander. Es war im Rahmen unserer Untersuchung nicht möglich, diese Plätze zu besuchen, so dass hier diese Gebäude nicht behandelt werden. Schon aus diesem Grunde sind nicht alle Entwürfe und sämtliche Aspekte, die uns im Werke Gaudís wichtig sind, hier aufgenommen. Wir haben allerdings versucht, anhand einer Anzahl von Beispielen aus den verwirklichten Arbeiten deutlich zu machen, was daran unserer Meinung nach für andere wichtig sein könnte. Dabei ist entgegen allen Erwartungen unsere These: „*Gaudí, ein Rationalist mit perfekter Materialbeherrschung*" entstanden und zum Leitmotto unserer Arbeit geworden. Diese These muss man aus der Studiensituation heraus begreifen. Es geht hier also um eine Annäherung an die Architektur, die dieses Fach als eine Synthese aus einer Anzahl gut zu umschreibender Faktoren begreift, eine Disziplin, die zu dem führt, was von anderen, wenn sie das Bedürfnis danach verspüren, als Kunst angesehen werden könnte. Wir sind beeindruckt von Gaudís sorgfältiger Arbeitsweise und seiner Begeisterung für seine Entwürfe. Gaudí ist der Märchenerzähler, der sowohl die Technik des Erzählens als auch die des Märchenschreibens beherrscht, so dass der Leser sich ihm völlig hingibt: Gaudí machte das Märchen wahr! Ich selbst würde sogar den Beruf des Architekten in dieser Weise beschreiben: Architekt ist jeder, dem es gelingt (durch seine perfekte Materialbeherrschung) das Märchen, nach dem die Menschen sich sehnen, wahr zu machen. Ein guter Architekt tut das auf äußerst rationale Art und Weise.

Gaudís eigene Entwicklung wurde sehr stark durch seine ständig zunehmenden Kenntnisse der traditionellen katalanischen Ziegelsteinkonstruktionen bestimmt, unter denen das katalanische Gewölbe einen besonderen Platz einnimmt. Parallel zu dieser Bereicherung seines Wissens wuchs seine Beherrschung von Raum, Proportion, Oberfläche, Farbe, Licht und Struktur und seine Kenntnis bedeutender Bauperioden, von denen die griechische Baukunst den höchsten Stellenwert besaß. Er verlieh der Gotik neue Bedeutung durch die Entdeckung des prinzipiellen Verlaufes der Drucklinien. Hiermit läutete er eine neue Entwicklung in der Baukunst ein, die in Katalonien von Martinell bei seinen Entwürfen für eine Reihe von Bodegas für Weinbaugesellschaften weiterverfolgt wurde. Außerhalb Kataloniens wurden dieselben Prinzipien in den dreißiger Jahren durch Eduardo Torroja für Betonkonstruktionen entwickelt, während der Mexico der spanische Emigrant Félix Candela an Schalen aus Drahtgeflechten und Zementmörtel arbeitete, ohne Vorkenntnis von dem, was Gaudí im Katalonien der Jahrhundertwende und im ersten Viertel des zwanzigsten Jahrhunderts schon realisiert hatte. Auch die Werke von Frei Otto, Pier Luigi Nervi und Kenzo Tange können in diesem Zusammenhang genannt werden.[14]

Ich möchte zum Abschluss noch etwas auf die Aspekte eingehen, mit denen wir uns bei dieser Untersuchung näher beschäftigt haben:

- Zunächst möchte ich die Entwicklung von der geraden zur gekrümmten Linie anführen und die der ebenen Fläche zur gebogenen und mehrfach gewölbten, eine Entwicklung, die Gaudí mit Hilfe seiner Kenntnis der

Einführung Jan Molema

Geometrie aus der Natur ableitete.

• Dann die Maßmethodik, wofür wir das Haus und seine Fassaden mit den herrlichen bunten Kacheln ausgesucht haben (Casa Vicens). Dieses Haus ermöglicht eine wirkliche Analyse der Maßmethodik. Es ist in seinem Aufbau einfach und in seiner Ausarbeitung durch die nach allen Richtungen aufbrechenden Ecken phantastisch, wobei er das Ziegelmaß als Grundmodul benutzt hat. Man entdeckt hier eine Reihe von Prinzipien aus der Tradition des katalanischen Hausbaus und sieht Bilder, nicht ungleich jenen, die man an anderer Stelle bemerkt, aber nicht analysiert hat, insbesondere jene, mit denen man Gaudís Architektur oft umschreiben zu müssen glaubt: maurische, chinesische, ägyptische.

• Die Pabellones Güell stehen in unseren Augen für das Märchen vom Drachen, ganz gleich, ob das nun der Drache von Hercules oder der von St. Georg ist. Von dieser kleinen Gebäudegruppe gibt es so viel zu lernen, dass wir hier keinen einzelnen Aspekt hervorheben möchten, sondern ganz verschiedene.

• Einen der faszinierendsten Aspekte in Gaudís Werk stellen für uns die Erker dar. Kurz gesagt behandelt Gaudí die Aussenwand mit ihren Öffnungen wie das, was Christopher Alexander einen Filter genannt hat. Das „zwischen drinnen und draußen Sein" wurde von Gaudí schon in seinen frühesten Werken raffiniert ausgearbeitet und bei der Sagrada Familia noch in hohem Maße gesteigert. Diesen Punkt haben wir beispielhaft anhand der Erker an der Rückfassade des Palacio Güell behandelt.

• Das nächste Kapitel befasst sich mit der Struktur von Bellesguard. Genau wie bei der Casa Vicens handelt es sich bei Bellesguard um einen vom Aufbau her einfachen Baukörper, bei dem man von einer Stapelung von katalanischen Tragsystemen sprechen kann, wodurch ein Komplex von faszinierenden Räumen entstand, nicht kompliziert, wohl aber komplex, und mit sehr einfachen Mitteln verwirklicht. Bellesguard ist weiterhin eines der Gebäude, bei denen Material aus der direkten Umgebung verwendet wurde.

• Casa Batlló gibt wiederum ein Bild davon, wie Gaudí das Element Dach im Entwurf beherrschte, so zum Beispiel in der Form des Fensters auf der Bel Étage oder auch im überdachten Innenhof, bei dem die Synthese seiner bauphysikalischer Kenntnisse zu einer neuen Glanzleistung geführt hat.

• Hier werden auch einige Aspekte aus dem Plan „Cerdá" angesprochen. Gaudís architektonisches und städtebauliches Denken wurde ja grundsätzlich von Cerdás damals aktuellem Generalplan für Barcelona beeinflusst.

• Die statischen Vorteile der gewölbten Flächen, sowie die Problematik der Regenwasserabfuhr, waren die Gesichtspunkte, die uns beim kleinen Schulgebäude der Sagrada Familia am meisten interessierten. Außerdem sahen wir darin eine Übung für die Kirche in der Colonia Güell, dank deren man letztere wird besser verstehen können.

• Im Park Güell beschäftigten wir uns mit der Geometrie der schlangenartigen Wegstruktur sowie mit der Statik, Struktur und Konstruktion der dort vorkommenden Viadukte.

Einführung Jan Molema

- Zum Schluss wird die Krypta der Kirche für die Colonia Güell behandelt. Wir halten dies für das wichtigste Bauwerk von Gaudí. Wir befassten uns hier vor allem mit der Tragstruktur, die, wie so oft bei Gaudí, beinahe schon ohne Hinzufügungen ein komplettes Gebäude darstellt.

Wie Kennern aufgefallen sein mag, sind nicht nur Gebäude außerhalb Barcelonas in diesem Buch unberücksichtigt geblieben, auch Casa Calvet fehlt. Dies geschieht aus denselben Gründen wie bei den auswärtigen Bauten: Es war für uns damals nicht möglich, das Gebäude zu betreten und es konnte somit nicht untersucht werden. In einer vergleichenden Studie sollten Ähnlichkeiten mit dem Haus Batlló deutlich werden, so verschieden diese beiden Häuser auch zu sein scheinen.[15] Hoffentlich haben wir hier genug Stoff zusammengetragen, damit der interessierte Zuschauer bei einem Besuch in Barcelona selbst auf Streifzug gehen kann, auf der Suche nach den immer wiederkehrenden Motiven im Werk Gaudís: „fa goig"![16]

Fußnoten
1   Martinell, C.: „Gaudí, his theories, his work", (oorspr. Gaudí: su vida, su teoría, su obra), Barcelona 1975. Auch Bergós Massó, Gaudí, l'home i l'obra, Barcelona 1954.
2   Die übrigen Texte basierten zum größten Teil auf dem Buch von Ráfols und wurden daraus direkt oder indirekt, bearbeitet oder unbearbeitet, übernommen. Man stößt in diesen Texten häufig auf die wörtliche Wiedergabe Ráfols oder Martinells, die jedoch leider nicht immer gleich sorgfältig zitiert sind.
3   Bergós, Juan: „Las conversaciones de

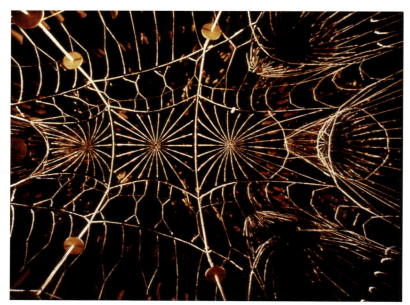

Abb. 15.a Rekonstruktion von Gaudis Hängemodells, das im Original verloren ging

Gaudí con Juan Bergós, Hogar y Arquitectura", (Mai/Juni 1974) und Martinell Brunet, C.: „Conversaciones con Gaudí", Barcelona, 1969.
4   Bemerkenswert ist, dass Zeitgenossen die Begleitumstände des Todes von Gaudí als besonders interessant in Erinnerung haben, und sie in verschiedenen Varianten schildern. So wurde Gaudí späterhin angeblich nicht von einem Strassenbahnwagen, sondern von einem Bus überfahren. Den genauesten und glaubwürdigsten Bericht finden wir bei Martinell und bei einem Gaudí gewidmeten Rundfunkprogramm, in dem notariell erhobene Ermittlungen wiedergegeben wurden.
5   Diese Unterbewertung ist sowohl dem Terrorismus zuzuschreiben, der nach Auffassung seiner Gegner dem Anarchismus anhaftet, wie auch der Unterdrückung des Anarchismus durch den Autoritär-Kommunismus. Ein konkreter Unterschied liegt in der Akzeptanz, bzw. Ablehnung der Staatsform als Mittel zum Sozialismus. Der Anarchismus wird auch Libertärkommunismus oder freiheitlicher Sozialismus genannt.
6   Reus ist wahrscheinlich sein Geburtsort, obwohl er sich auch mit Riudoms verbunden fühlte, wo seine Eltern geheiratet hatten. Diese Unstimmigkeit sowie die von Notaren festgehaltenen Radioansprachen scheinen mir mehr von touristischer als von architekturgeschichtlicher Bedeutung zu sein.
7   In diesem Zusammenhang erscheint es zweifelhaft, ob Gaudí sich mit einem Auftrag für ein großes Hotel in New York beschäftigt haben soll, schon allein weil er sich kaum jemals außerhalb Barcelonas oder Kataloniens aufhielt.
8   Picasso wohnte in Barcelona, als dort das Wohnhaus für die Familie Güell gebaut wurde, sowie die Casa Vicens, die Pabellones Güell und die Schule für das Kloster von Santa Teresa in San Gervasio, Barcelona.
9   Bergós Massó, „Conversaciones de Gaudí con Gaudí", p. 60 (siehe Fußnote 4); Martinell, C., o.c. p. 33 (siehe Fußnote 2). Beiden zitieren Gaudís Notizen über Ornamentation.
10   Die kulturellen Interessen Güells spiegeln sich überall in den Dekorationen des Palau Güell wider.
11   Frankl, Paul, „Principal of Architectural History, the four phases of architectural style, 1420-1900", Cambridge/London 1968. Ursprunglich in Deutscher Sprache in 1914 erschienen.
12   Nebenbei sei bemerkt, dass dies nicht bedeutet, dass Gaudí, wie schon erwähnt, im Falle des Konzeptes, des Bildes und der Konstruktion eine Rangliste aus obigen Faktoren zusammenstellte. Wir können darüberhinaus davon ausgehen, dass jemand, der bestimmte Gebiete seiner Arbeit sehr gut beherrscht, diese auch ruhig an letzter Stelle behandeln kann, weil er sie doch unbewusst in seinen Entwurfsprozess und seine Überlegungen einbezieht. Die Geschichte hat uns weiterhin gezeigt, dass die Tragfunktion für Gaudí einer der Ausgangspunkte beim Entwerfen gewesen ist, die seinen Arbeiten den besonderen Rang verliehen haben. Mit einiger Übertreibung könnte man sagen, dass Gaudí der Einzige war, der sich in seinen Stellungnahmen hätte erlauben können, der Tragfunktion den letzten Platz zuzuweisen.
13   Ein Beweis findet man heutzutage in der Fortsetzung des Baus der Sagrada Familia, wie beschrieben von Jordi Bonet und Mark Burry.
14   Eigenartigerweise nennt man die meisten von ihnen nicht Architekten, sondern Ingenieure. Wenn wir einen Qualitätsmaßstab aufstellen müssten, so ist dies einer, bei dem neben dem Begriff der Analyse der der Synthese eingeführt wird. Dann müsste in der Tat das Werk von Gaudí sehr hoch qualifiziert werden, höher als das der Konstrukteure, weil bei ihnen der Begriff der Tragstruktur viel stärker entwickelt ist als all das Andere, was wir in der Architektur wesentlich finden, wodurch ihre Entwürfe manchmal etwas Fabrikartiges bekommen.
15   Vielleicht ist es nicht so verwunderlich, aber Gaudí verwandte stets Elemente aus vorangegangenen Bauten. Schon in der Entwurfsskizze für das Casino von Mataró aus dem Jahre 1877 kam eine Schraubfläche vor, im Palacio Güell treten sehr viel später ausgearbeitete Elemente auf. Im Allgemeinen findet man in den Entwurfsskizzen Teile aus vorangegangenen Gebäuden. Leider wurde über dieses Gebiet in der Literatur wenig oder gar nichts mitgeteilt.
16   Es macht Spaß! Für Deutsche genügt wohl: „Gaudi"!

Bögen und gekrümmte Flächen — Wijnand Looise

Allgemeines

Eines der auffallendsten (und gleichzeitig wichtigsten) Leitmotive in Gaudís Werk sind die bogenförmigen Tragwerke. In diesem Kapitel wollen wir eine kurze Übersicht über die zeitliche Entwicklung dieses Konstruktionsprinzips bei Gaudí geben. In den folgenden Kapiteln wird seine Anwendung an Hand einzelner Gebäude näher betrachtet.

Statik

Statisch gesehen ist der parabelförmige Bogen eine logische Tragwerkform, weil dieser bei einer gleichmäßig verteilten Belastung - ein häufig vorkommender Belastungsfall - der Stützlinie entspricht. Folgende Voraussetzungen sind uns aus der Statik bekannt: $H=ql^2/8f$ und $V=ql/2$. Je größer der Stich f, d. h. je höher der

Bogen ist, desto kleiner ist die horizontale Komponente H an den Wiederlagern. Um einen bestimmten Abstand zu überbrücken, kann man steile oder flache Parabeln wählen. Solange der Bogen unter Gleichlast die Form einer Parabel aufweist, treten ausschließlich Druckkräfte auf. Der Bogen könnte theoretisch dann aus einzelnen Elementen (z. B. Ziegelsteinen) gebaut werden, sofern die Auflager die horizontale Kraft H aufnehmen können.

Ein halbkreisförmiger Bogen (mit relativ schlanken Proportionen) ist ungünstiger als ein parabelförmiger, weil durch die Abweichung von der Stützlinie Biegemomente entstehen, wodurch der Bogen zum Ausknicken neigt. Der Unterschied zwischen einem Segmentbogen und einer flachen Parabel ist schon viel kleiner, deshalb ist ein solcher Segmentbogen weniger knickgefährdet. Indem Gaudí die modernen Wissenschaften (vornehmlich die Statik) zu Hilfe nahm, konnte er die konstruktive Entwicklung, die nach der Gotik so gut wie zum Stillstand ge-

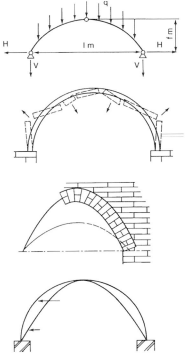

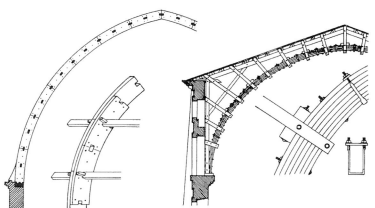

Abb. 17 Spanttyp für Bohlendächer entwickelt von Philibert de l' Orme und A. Emy (Quelle: Hart)

kommen war, weiter führen. Während man in der Gotik schwere Strebepfeiler benötigte um Seitenschübe aufzufangen, verwendete er Tragwerke mit parabelförmiger Leitlinie, die den Verzicht auf solche Hilfskonstruktionen möglich machten.

Entwicklung in Material und Struktur

Man kann in Gaudís Auseinandersetzung mit Bögen zwei Entwicklungslinien feststellen. Erstens in der Anwendung von Werkstoffen und zweitens in der Entwicklung der Struktur des ganzen Tragwerkes, in der Weise in der er Bögen zu einer Tragstruktur zusammenstellt.

Materialien

Erstmals hat Gaudí einen Bogen beim Tragwerk einer Scheune für eine landwirtschaftliche Genossenschaft in Mataró (1878-1882) eingesetzt. Er verwendete hier hölzerne Spanten, ähnlich denen, die im sechzehnten Jahrhundert vom Lyoner Baumeister Philibert de l'Orme entwickelt wurden. Gaudí verwendete kurze gerade Bretter, die in drei Lagen nebeneinander mit Schrauben und Nägeln verbunden wurden. Eine ökonomische und solide Lösung. In Mataró wendete Gaudí den parabelförmigen Bogen nicht richtig an. In diesem Fall kann man nämlich nicht von einer gleichmäßig verteilten Belastung sprechen. Die Belastung (das Dach) greift nur im oberem Teil des Bogens an. Die Stützlinie ist darum nicht parabelförmig. Einen Ziegelsteinbogen hat Gaudí zum ersten Mal für die Brücke über den Teich im Garten von Casa Vicens (1878-1885) entworfen. Die Bögen entstanden, indem die Ziegelsteine auskragend aufgemauert wurden und die Auskragung immer weiter vergrößert wurde. In dem Punkt, wo die Auskragung der Ziegelsteine zu groß wird, werden die Ziegel-

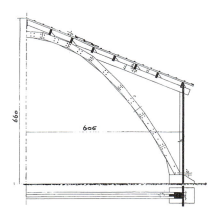

Abb. 18 La Obrera Mataronense, Mataró: Hölzerner parabolischer Spant (Quelle: Bergós Massó)

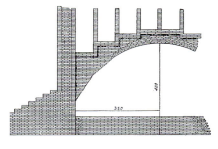

Abb. 18 Casa Vicens: Bogen über den Teich im Garten (Quelle: Bergós)

steine in der Längsrichtung hintereinander gemauert und der Bogen in der Mitte geschlossen.

Nach Casa Vicens ist der Ziegelsteinbogen, verputzt oder sichtbar, immer wieder im Werk von Gaudí anzutreffen. Im Palacio Güell (1886-1891) finden sich neben den gemauerten Bögen im Keller des Hauses vielfach in Marmor ausgeführte Bögen in den repräsentativen Räumen. Bei den Säulengängen (pórticos) des Parks Güell (1904-1914) sehen wir neben Konstruktionselementen aus Ziegelmauerwerk auch Bögen und Pfeiler aus grob behauenen Natursteinbrocken. In der Krypta der Santa Coloma (1898-1915) begegnen wir gemauerten Pfeilern (die der Stützlinie folgen) und an Stellen, wo große Normalkräfte zu erwarten sind, Natursteinpfeiler, in diesem Fall aus Basalt. Basalt ist ein sehr druckfestes Material.

Man sieht deutlich wie Gaudís Gebäude im Laufe der Zeit immer transparenter und weniger massiv werden als Folge des stets durchdachteren Materialgebrauchs: Der richtige Werkstoff am richtigen Ort. Schließlich resultiert diese Arbeitsweise in einer Synthese von Tragstruktur (Bogen) und Außenhaut.

Struktur

Wir beginnen wieder in Mataró, wo die Bögen streng hintereinander angeordnet wurden. Auch die Brücke im Garten von Casa Vicens wird von zwei Bögen getragen, die nebeneinander auf derselben Symmetrieachse stehen. Wenig später gebrauchte Gaudí acht Bögen für die Ställe der Pabellones Güell (1884-1887). Den Raum zwischen den Bögen überbrückte er hier mit

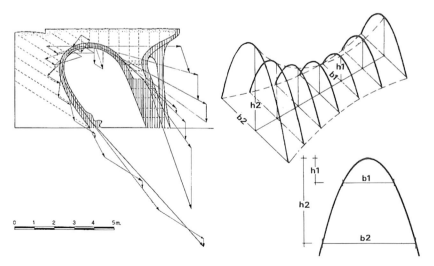

Abb. 19 Park Güell: Graphische Darstellung der statischen Verhältnisse der Pórticos (Quelle: Archivo Sagrada Familia)

Abb. 20 Konstruktionsprinzip des Daches der Casa Battló und der Casa Milá (Quelle: Joedicke)

gemauerten parabelförmigen Gewölben. Diese Bauweise finden wir auch im katalanischen landwirtschaftlichen Bau vor, unter anderem bei den *Bodegas* der Architekten Martinell und Puig i Cadafalch.

Im Colegio Teresiano (1888-1890) verwendete Gaudí kleine **parabelähnliche** Ziegelsteinbögen in den Gängen. Hier kombinierte er sie allerdings mit Balken. Er stapelte sie auch übereinander in mehreren Geschossen, wobei sie horizontal versetzt wurden.

Im Bellesguard (1900-1902) wurden die Bögen nicht mehr als reine Parabeln ausgeführt und stehen nicht mehr auf einer Achse, sondern treffen sich lotrecht, zum Beispiel in den Gebäudeecken. Im Treppenhaus finden wir eine interessante Struktur aus gestapelten Bögen und Pfeilern.

Die Bogenkonstruktionen wurden immer feingliedriger, weil Gaudí an Stellen, wo nach den statischen Berechnungen keine Kräfte auftraten, Material wegließ oder ein offenes Ziegelsteingitter entwarf.

Im Park Güell sehen wir in den *pórticos* Pfeiler, die der Stützlinie folgen und darum schräg stehen. Die Bogenachse mäandert. Eine Reihe *pórticos*, zur Unterstützung des Fahrweges, liegen schräg zum Gefälle der Hügel und haben darum einen asymmetrischen Querschnitt. Der Raum zwischen den Bögen wird von einem Rippengewölbe überdeckt, manchmal mit geraden Rippen mit einem Knick dort, wo eine Punktlast auftritt, und manchmal mit doppelt gekrümmten Flächen ohne Rippen. In der Zwischenzeit arbeitete Gaudí auch noch an Casa Battló (1904-1906). Für das Dach des Vorderhauses entwarf er einen parabelförmigen Bogen, dessen Spannweite und Höhe bei gleich bleibender Form variieren. Auf diese Weise entstand der *Drachenrücken*. Bei der Dachkonstruktion von Casa Milá (1906-1910) variierte nicht nur die Spannweite und die Höhe

Abb. 21 Casa Milá: Innenansicht des Dachbodens mit mäandernden Bögen (Quelle: Hart)

der Bögen, auch die Bogenachse mäanderte schleifenförmig, wodurch die bewegte Dachlandschaft entstand. In der Krypta der Kirche in Santa Coloma finden wir Ideen aus den *pórticos* des Park Güell wieder. Jedoch werden hier Pfeiler und Gewölbe viel räumlicher verwendet. Ein Pfeiler ist hier nicht nur der Abschluss eines einzigen, sondern gleich mehrerer Bögen.

In einfacherer Form kommt dieses Thema schon im Colegio Teresiano in den Gangenden im ersten Geschoss und im Keller des Palacio Güell vor. Bei der Krypta in der Colonia Güell sind die Pfeiler schräg angeordnet und folgen der Richtung der Druckkräfte, die das Hängemodell vorgab (*siehe Kapitel Krypta in der Colonia Güell*). Die Bögen der Vorhalle und der Krypta sind genau wie die Rippen in Park Güell dort geknickt, wo Punktlasten auftreten.

Eine konsequente räumliche Weiterentwicklung musste wohl zu einer Synthese des Bogens und der Fläche führen: Die *doppelt gekrümmte Fläche*. In Gaudís Frühwerk begegnen wir einer Reihe von Kuppeln zur Überbrückung größerer Spannweiten. Die Menagerie und die Hausmeisterwohnung der Pabellones Güell haben ziemlich flache Kuppeln als Überdeckung, während im Palacio Güell über der zentralen Halle eine steile, parabelförmige Kuppel eingesetzt wurde. Diese Kuppeln sind konstruktiv gesehen sehr einfache Elemente, die Gaudí später auch nicht mehr verwendete.

Zu den doppelt gekrümmten Flächen zählen wir weiterhin u. a. die Konoid-Schalen, die EP-Schalen (elliptische Paraboloide, auch katalanische Gewölbe genannt) und die HP-Schalen (hyperbolische Paraboloide). Das Dach der Schule der Sagrada Familia (1909-1910) hat auf den ersten Blick keine bekannte mathematische Form. Es ist keine Kombination von HP-Schalen (zwei Ränder sind schließlich sinusförmig statt gerade) und ebensowenig eine Kombination von Helikoiden wie Collins behauptet (die Steigung dieser schraubenförmig verwundenen Fläche ist in diesem Fall nicht konstant). Martinell ist der Wahrheit schon näher, wenn er das Dach als Zusammenstellung

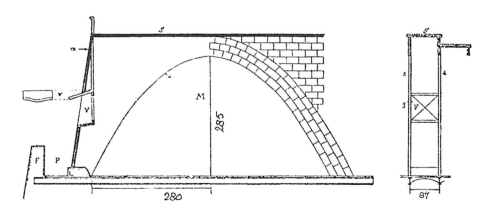

Abb. 22 *Casa Milà: Schnitte des Dachbodens (Quelle: Bergós Massó)*

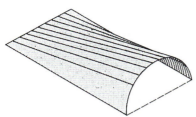

Abb. 23 Konoid-Schale

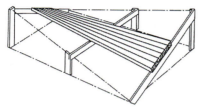

Abb. 24 HP-Schale: Diese Schale kann man aus geraden Teilen herstellen

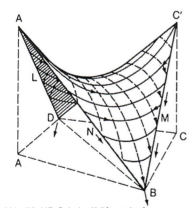

Abb. 25 HP-Schale: Kräfteverlauf

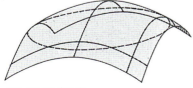

Abb. 26 EP-Schale

von Konoid-Schalen beschreibt. Eine Konoid-Schale ist eine Translationsfläche, die entsteht, wenn eine Gerade entlang einer bestimmten Kurve auf der einen Seite und einer Geraden, die parallel zur Ebene der Kurve ist, verschoben wird. Das Dach scheint sehr kompliziert zu sein, ist aber tatsächlich sehr einfach konstruiert. Auf einem Unterzug liegen lotrecht dazu Balken, die jeweils einen anderen Winkel zur Ebene des Unterzugs annehmen. Auf diesen Balken ist die Dachhaut aus katalanischen Ziegelsteinkacheln gemauert. Eine HP-Schale ist eine doppelt gekrümmte Fläche A'BC'D. Man kann sich vorstellen, dass diese Fläche entsteht, wenn die Gerade N über zwei sich kreuzende Geraden L und M gleitet: die Gerade N beschreibt dann ein hyperbolisches Paraboloid. Ein hyperbolisches Paraboloid ist doppelt gekrümmt: konvex und konkav. Dadurch sind HP-Schalen sehr steif. Die Kräfteübertragung ist bei HP-Schalen sehr einfach. Die Schale besteht nämlich aus einer Reihe von Druckparabeln (gestrichelte Linie) und Zugparabeln (durchgezogene Linie). Die Resultierenden der Druck- und Zugkräfte fallen im Rand der Schale zusammen. Das Eigengewicht der Schale wird also ausschließlich als Normalkraft zu den Punkten A und B abgeleitet. Gaudí verwendete HP-Schalen für die Decke der Krypta der Kirche in Santa Coloma de Cervelló und für die Sagrada Familia. In der Krypta funktionieren die HP-Schalen übrigens nicht wie unsere Beton- oder Holzschalen, weil er sie mauern ließ und Ziegelstein keine Zugkräfte aufnehmen kann. In diesem Fall werden Lasten also lediglich über Druckbeanspruchung abgeführt.

Eine EP-Schale ist eine doppelt gekrümmte Fläche, deren horizontaler Querschnitt elliptisch und deren verti-

kaler Querschnitt parabolisch ist. Man verwendete EP-Schalen für das Dach einer kleinen Fabrik bei der Sagrada Familia. Diese Dächer wurden aus zwei Lagen katalanischer Ziegelsteinkacheln unter Verwendung eines leimartigen, gipshaltigen Mörtels gemauert. Dieser schnell härtende Mörtel machte in den meisten Fällen ein Arbeiten ohne Stellgerüst möglich. Wenn einmal ein Gerüst während des Mauerns verwendet wurde, war dies meistens nicht mehr als eine Schablone zur Feststellung der Form der gebogenen Fläche. Man fing an den Rändern an und arbeitete auf die Mitte zu. Deshalb war es konstruktiv möglich, in der Mitte eine Aussparung anzubringen. Ein sehr gutes Beispiel für die Alltäglichkeit dieser Baumethode, eine Fabrik in der Nähe der Sagrada Familia, ist mittlerweile abgerissen worden.

Bögen und gekrümmte Flächen Wijnand Looise

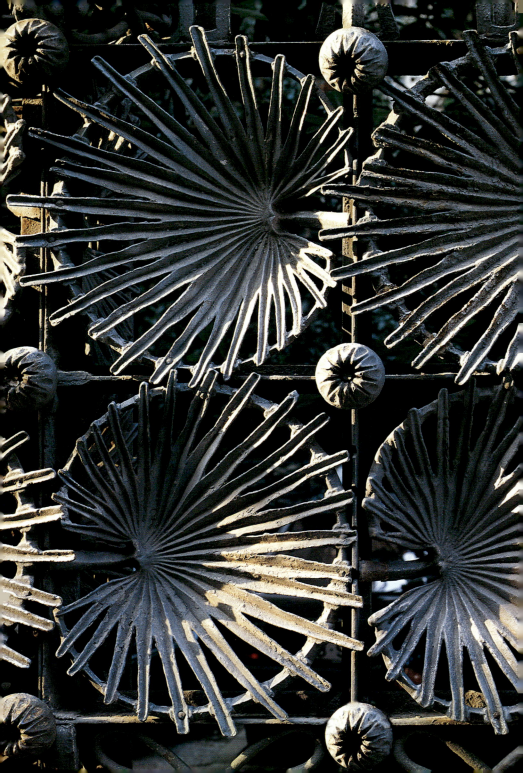

Casa Vicens (1878-1885) Roel van der Heide

Allgemeines

Dieses Ferienhaus für den Fliesenfabrikanten Manuel Vicens war Gaudís erster wichtiger Auftrag. Das Haus, gegen die Gartenmauer eines angrenzenden Klosters gebaut, ermöglichte die Aussicht auf den dazu gehörenden Garten. An der Gartenseite befand sich ein Teich mit einer von Gaudí entworfenen Brücke. Die aus Ziegelstein gemauerten parabelförmigen Bögen, die Gaudí in seinem späteren Werken weiterentwickelt hat, wurden hier zum ersten Mal angewandt. Die Form konstruierte man, indem man jede einzelne Ziegelsteinlage jeweils gegenüber der darunterliegenden um einige Zentimeter überstehen ließ und am Bogenscheitel einen flachen Bogen nach katalanischer Art mauerte.

Im Jahre 1925 wurde dieses Haus unter Leitung des Architekten Sierra Martínez umgebaut und erweitert. Die ursprüngliche Veranda an der Vorderseite wurde in diesem Zusammenhang geschlossen und dem Wohntrakt angegliedert.

Vor diesem Umbau formte Gaudí mit hochklappbaren *japanischen* Blendläden ein fesselndes Zusammenspiel

von Innen- und Außenleben. Ein ähnlich virtuoser Umgang mit räumlichen Übergängen und Beziehungen ist in der Loggia an den Ecken des Hauses zu erkennen. Vom Garten, der im Jahre 1925 noch erweitert wurde, ist im Zuge der Stadtverdichtung nur noch ein kleiner Teil übriggeblieben. Vom Gitter, der Begrenzung des Gartens, ist lediglich ein Abschnitt erhalten geblieben; den Rest hat man beim Park Güell wieder verwendet. Der Teich, die Brücke und andere Bauten im Garten sind der rasch wachsenden Stadt zum Opfer gefallen.

Fliesenarchitektur oder Fassadenarchitektur?

Ein wichtiges Charakteristikum Gaudís findet schon in diesem frühen Gebäude seinen Ausdruck: Sein Gefühl für Komposition, kombiniert mit der richtigen Anwendung von Material. Das konsequente Anwenden industrieller Produkte und anderer Materialien und die Betonung ihrer natürlichen Eigenschaften erforderten bei Casa Vicens eine bestimmte Rationalität im Entwurf und in der Ausführung. Eine vorsichtige

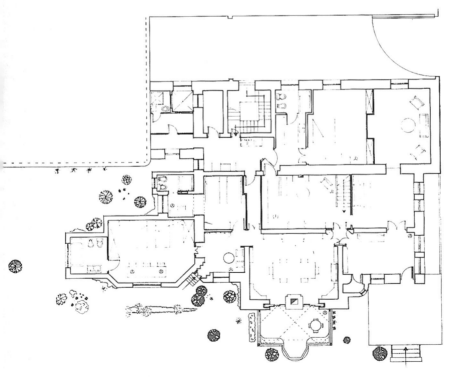

Abb. 30 Grundriss des Erdgeschosses

Analyse der Dachaufbauten (vgl. Abb. 31) kann dieses veranschaulichen.

Die ursprüngliche Vorderfassade und die Seitenfassade sind in gleicher Form ausgeführt. Bis zur obersten Etage bestehen sie aus einer Kombination von Natur- und Ziegelstein. Der Ziegelstein bildet hierbei für den Naturstein eine Art Rahmen, wodurch eine horizontale Einteilung der Fassade entsteht. Möglicherweise besteht die Innenseite der Mauern ganz aus Ziegelstein, um ein Auflager für die Deckenbalken zu bieten. Der Ziegelstein ermöglicht an den Fassadenöffnungen und den Hausecken eine genaue Detaillierung. Er ist überall parallel zur Fassadenlinie mit Fliesen bedeckt.

Naturstein, Ziegelstein und Keramik: diese Materialien lassen sich bis hoch oben zu den Türmchen, die als Kronen der darin verborgenen Schornsteine wichtige Elemente in der plastischen Formgebung der Fassade sind, harmonisch verbinden. Basis der Formgebung sind der Ziegelstein und die

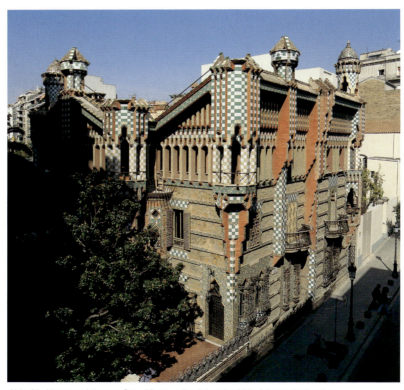

Abb. 31 Hauptansicht von Casa Vicens, die sich seit 1925 nicht verändert hat

Fliesen. Sie bestimmen das Modul der Fassade: 15 cm. Die Fliese mit ca. 15 x 15 cm, der Ziegelstein mit ca. 5 x 15 x 30 cm. Das Halbsteinmauerwerk zwischen den Vorsprüngen und den Lisenen der obersten Etage kann auf diese Weise genau durch eine Fliesenreihe verkleidet werden.

Die um 15 cm vorstehenden Konsolen aus Ziegelstein sind über drei Steine gleichmäßig ausgemauert. Diese Dreiteilung wird noch durch die drei Stulpen verstärkt, die an jeden Ziegelstein angeformt sind; möglicherweise wurde das Mauern durch den Gebrauch dieser Steine einfacher. Das dreidimensionale Raster von 15 cm bringt bei Materialstößen und bei Richtungsänderungen, besonders bei vom Raster abweichenden Konstruktionen, sichtbare Probleme mit sich. Jedes Material hat eine bestimmte Stärke. Darum gibt es in den Kanten der Innen- und Außenecken keine einheitlichen Anschlüsse, es sei denn, es wurden dafür spezielle Elemente verwendet.

Abb. 32 Das Gebäude ist mit Keramik in geometrischen Formen verkleidet. Die Kacheln wurden von Gaudí nach dem Vorbild der Studentenblume entworfen, die in seinem Garten wuchs

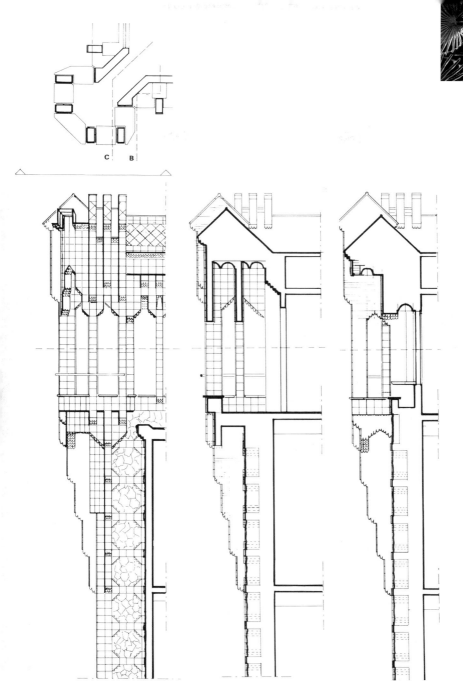

Abb. 34 Ansicht, Grundriss und Schnitte der Loggia neben dem Erker

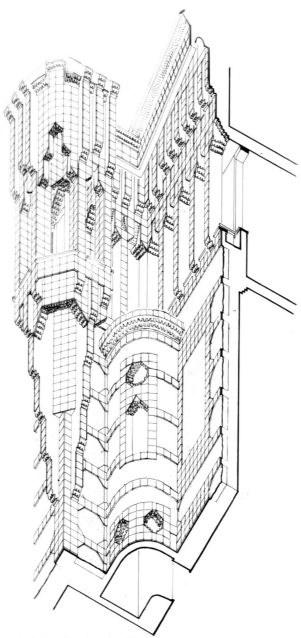

Abb. 35 Isometrie der Loggia neben dem Erker

Bei Casa Vicens sind alle Außenecken in derselben Art ausgeführt. Das Mauerwerk bildet die Systemlinie, gegen die die Fliesen befestigt sind. Im Falle der Innenecke konnte keine analoge Lösung gefunden werden, da sich so die Systemlinie um ein kleines Stück verschoben hätte. Um doch vom Einheitsmuster von 15 cm nicht abzuweichen, schnitt man von einer Fliese das notwendige Stück ab (vgl. Abb. 32). Das war nicht so schwierig, wie man vorher angenommen hatte. Die Innenecke taucht verhältnismäßig selten auf, wobei es noch andere, hauptsächlich geometrische Gründe waren, um vom Raster abweichende Fliesenmaße zu verwenden. Nicht jede Fläche lässt sich mit ganzen Fliesen verkleiden. Die Geometrie bietet zwar in mancher Hinsicht einen Ausweg, aber gerade weil die Fliese ein bestimmtes Maß hat, müssen sich die Gebäudemaße letztlich daran orientieren. So drückt das Quadrat der Fliese seinen Stempel auf die Fassade von Casa Vicens. Abweichende Fliesenmaße und Anschlüsse sind vor allem bei den Loggien zu finden (Abb. 33, 34). Hier weicht man vom quadratischen Muster ab. Die schrägen Flächen an den Ecken konnten nicht mit ganzen Fliesen bedeckt werden, so dass im Falle der untersten schrägen Fläche eine Nut im Mauerwerk angebracht werden musste. Den Viertelkreis oberhalb der Loggia bedecken sechs Fliesenflächen; das ist ein Viertel eines regelmäßigen Vielecks mit 24 Kanten und einer Seite von 15 cm. Der Radius des Kreises beträgt ca. 58,5 cm, was nicht gerade ein Vielfaches von 15 cm ist. Diese kleine Abweichung ist nur an dem Vorsprung zwischen den Fliesen der Pfeiler und der angemauerten Rundung zu sehen.

Architektur

Vor 1879 arbeitete Gaudí zusammen mit Francisco Paula del Villar an der Kapelle „Unsere Liebe Frau von Montserrat". Die romantische Reaktion auf den Klassizismus orientierte sich in der eklektizistischen Periode an der mittelalterlichen und arabischen Kultur. Viele nennen in diesem Zusammenhang Casa Vicens ein Beispiel dieses Einflusses, den die Mudéjar–Architektur im spanischen Eklektizismus ausübte. Kennzeichen dieser Architektur sind an der Decke des Rauchsalons und am Gebrauch von keramischen Fliesen an den Fassaden zu erkennen, die dadurch eine arabische Vielfarbigkeit bekommen. Es ist aber eben nicht sicher, ob dieser kleine Raum von Gaudí selbst dekoriert wurde oder beim Umbau in den 20er Jahren von seinem Nachfolger. Die Bezeichnung Mudéjar allerdings muss mit viel Vorsicht benutzt werden. Die Anwendung von Pappmaché, die Muster an den hölzernen Sonnenblenden und am eisernen Gartentor weisen auf Einflüsse aus der japanischen Kunst hin. Das lässt sich vielleicht dadurch erklären, dass zu diesem Zeitpunkt in Paris die internationale Weltausstellung stattfand.

Die Tatsache, dass sich Gaudí niemals gegen eine Erneuerung und Verbesserung der Bautechnik gewandt hat und dieses so oft wie möglich in seiner Architektur zum Ausdruck brachte, zeigt, dass er sich nicht allein durch alte Architekturformen inspirieren ließ. In der maurischen Architektur war die Geometrie nicht nur eine kreative Äußerung, sondern auch ein Ausdruck großer Präzision und Beherrschung der Technik. Beide Aspekte finden sich in den Fassaden von Casa Vicens, wobei sich die Geometrie leicht ablesen lässt. Es sind die Präzision und die Beherrschung alter und neuer Bautechniken, die an erster Stelle eine Vergleichsmöglichkeit mit anderen Architekturformen ermöglichen. Casa Vicens war ein Zeichen für das Aufkommen des Modernisme in Katalonien, in engem Zusammenhang mit dem Art Nouveau, Jugendstil etc. in anderen Ländern. Die Anwendung von Fliesen an der Fassade war etwas Neues, was Nachahmer bei anderen Projekten fand. Für den endgültigen Entwurf wird sicherlich auch von Bedeutung gewesen sein, dass der Auftraggeber Fliesenfabrikant war.

Bemerkung

Mudéjar: Spanisch-christliche Architektur im Moslemstil (13./14. Jahrhundert; der Ausdruck bezeichnet die

Abb. 36 Schmiedeeiserne Gitter in form von Palmblättern vor dem Garten

Moslems, die nach der Rückeroberung in Spanien blieben.) Der Stil wurde von den Moslems oder von den Christen, die in Spanien innerhalb der Spanisch-muslimischen Traditionen arbeiteten, entwickelt. Motive des *Mudéjar* Stils sind ebenfalls in der spanisch-gotischen Architektur sowie auch in den platereskengebäuden aus dem 16. Jahrhundert zu finden.

Abb. 37 Ursprünglicher Zustand (Quelle: Amigos de Gaudí). Ansicht von Süden

Casa Vicens (1878-1885) Roel van der Heide

Pabellones Güell (1884-1887) Wijnand Looise

Allgemeines

Diese Pavillons markieren einen wichtigen Punkt in Gaudís Entwicklung. Sie bilden mehr oder weniger den Abschluss seiner ersten farbigen Periode und den Beginn einer persönlicheren Phase, sowohl in dekorativer, als auch in konstruktiver Hinsicht.

Lage

Die Pavillons bildeten den Zugang eines Landhauses der Familie Güell, welches später in den Besitz des spanischen Königs überging (Finca Güell). Sie liegen an der Avenida de Pedralbes in Las Corts, einer ehemaligen Vorstadt westlich von Barcelona. Auf der einen Seite bestehen die Pavillons aus einer Pförtnerwohnung, auf der anderen Seite, über das Drachentor (*Abb. 40, 49*) zugänglich, aus einer Manege mit den Ställen.

Ställe/Manege

Material und Struktur (siehe auch „Bogen und gebogene Flächen")

Gaudí beginnt bei den Pavillons, mit Bogen- und Gewölbekonstruktionen aus Ziegelmauerwerk zu experimentieren. In den Ställen findet man eine einfache Hauptstruktur aus hintereinander angeordneten parabelförmigen Bögen. Diese acht Bögen mit einem Achsmaß von 2,00 m sind aus katalanischem Ziegelstein gemauert (*vgl. Abb. 39, 41, 42*). Jede Einheit bietet einer Pferdebox Platz, wobei die an die Bögen anschließenden Trennwände die Pferde voneinander trennen. Die gefliesten Futtertröge reichen von Bogen zu Bogen. Die Einheiten zwischen den Bögen werden jeweils von Tonnengewölben aus Ziegelmauerwerk mit gleichfalls parabelförmigem Querschnitt überspannt. Die tragenden Bögen ragen jeweils ein wenig zwischen den Gewölben hervor, wodurch gleichzeitig eine natürliche Entwässerung möglich wird. Auf der einen Seite grenzt das letzte Gewölbe an die Kuppel der Manege an, auf der anderen Seite ragen drei konische Gewölbe hervor (das mittlere davon senkrecht oberhalb der Stallungen). Sie überspannen den Heuboden, der sich oberhalb der Geschirrküche befindet. Eine derartige Struktur findet man ebenfalls in der Agrararchitektur Kataloniens, z. B. beim Weinkeller von Puig i Cadafalch. In den Ställen fällt das Licht von der Seite durch das äußere Ende der Gewölbe ein und erinnert so an den Obergaden einer Kathedrale.

Abb. 39 Innenraum der ehemaligen Ställe

Die Manege, die an die Ställe grenzt, hat eine rechteckige Form, die über ein Achteck mit Mündungen auf den Ecken in eine Kuppel mit Laterne übergeht. Ein großes parabolisches Tor mit schmiedeeisernem Gitter bildet den Zugang für die Pferde und die Kutschen. Ein zweites, kleineres Tor führt auf eine Weide, wo die Pferde um den Wassertrog stehen können. Die Kuppel der Manege ist auch als katalanisches Gewölbe gefertigt und wurde dann verputzt. Auf der Kuppel sind konzentrische Ringe aus Stümpfen in Ziegelstein angebracht, über die man auf der Kuppel zu der Laterne aufsteigen kann (*Abb. 47*). Diese Laterne ist ingeniös gemauert und mit farbigen Fliesen und, zum ersten Mal in Gaudis Werk, mit Scherben (*trencadís*) verziert (*Abb. 38, 48*).

Die Pförtnerwohnung setzt sich aus drei Teilen zusammen. Zwei davon haben einen quadratischen Grundriss mit zwei Etagen. Der zentrale Teil hat nur eine Etage mit einem achteckigen Grundriss. Alle drei Teile werden von einer Kuppel mit einem Lüftungs- und

Abb. 40 Detailaufnahme des Drachentors

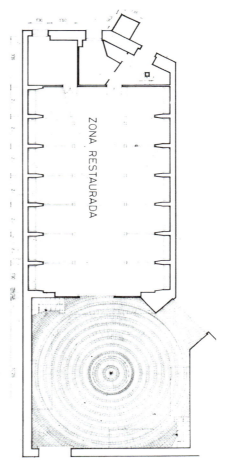

Abb. 41 Grundriss der Ställe

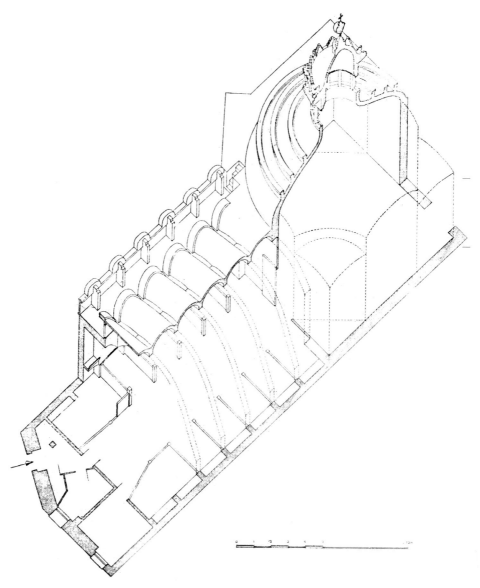

Abb. 42 Grundrissaxonometrie der Ställe

Schornsteintürmchen bekrönt. Auch diese Türmchen sind mit Fliesen und Fliesenscherben dekoriert. Die zwei oberen Etagen sind durch eine (früher offene) Brücke miteinander verbunden.

Die Außenwände der Ställe, der Manege und der Pförtnerwohnung bestehen aus strengen Rahmen in Ziegelmauerwerk, welche die verputzten Flächen (Ziegel oder Naturstein) einfassen (vgl. Abb. 48). Bei den untersten Reihen bleibt der Naturstein sichtbar. Der Putz ist an der Gartenfront mit farbigen Schablonen und mit Reliefs verziert. Die steinernen Fensterpfeiler akzentuieren an der Gartenfront den Rhythmus der Joche; dieses Motiv findet man an der Balustrade bei den Ausbauten wieder, die den Charakter eines Turmhäuschens haben. Dazwischen wird die Balustrade, die die Außenwände bekrönt (vgl. Abb. 49),

aus einem dreieckigen und sechseckigen Gitterwerk aus Ziegeln geformt. Bemerkenswert sind vor allem die unterschiedlichen Ecklösungen dieser Balustrade. In den Mörtel zwischen den Steinen der Außenwände und der Balustrade sind Glasscherben eingelegt, die im Licht reflektieren. Die Tür- und Fensteröffnungen sind wiederum Parabelkonstruktionen aus Ziegelmauerwerk.

Architektonische Elemente

Die Treppen in und auf dem Dach sind ebenfalls mit großer Sorgfalt entworfen. Innerhalb der Manege befinden sich zwei Holztreppen, die zu den Galerien führen. Diese Treppen haben, wie die Treppen zum Dach und zum Heuboden, dreieckige Trittstufen. Treppen dieser Art können zwar nur auf eine

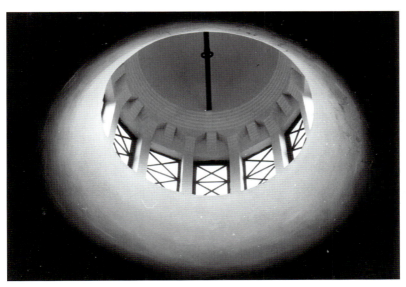

Abb. 43 Laterne oberhalb der Manege

bestimmte Art begangen werden, nehmen dafür aber weniger Raum in Anspruch. Als Stichtreppen sind sie hervorragend zu gebrauchen (*siehe Eugène Viollet-le-Duc*). Führen sie allerdings, wie hier bei Gaudi, über Eck, so sind sie nur mit Schwierigkeit zu begehen. Auf dem Dach befindet sich ebenfalls eine Treppe mit halben Stufen. Diese führt zur Kuppel, die auch wieder von allen Seiten zugänglich ist. Die Dächer sind, wie bei all seinen späteren Gebäuden, begehbar, und formen so als Dachlandschaft eine besondere Dimension. Die Entwässerung des Daches ist sehr durchdacht. Da die Parabeln zwischen den Bögen ein wenig aus dem Dach herausragen, kann das Wasser gut abgeleitet werden. Die Regenwasserrinnen an den Ecken liegen zurück versetzt in der Mauer und werden beinahe wie Kunstwerke akzentuiert. Das Regenwasser der Manegenkuppel wird bis zu einer Ecke geleitet, wo es in einem Wassertrog für die Pferde aufgefangen wird.

Das Drachentor, das die Pförtnerwohnung mit den Ställen verbindet, ist ein außergewöhnliches Werk der Schmiedekunst (*vgl. Abb. 49*). Der

Abb. 44 Ecklösung von innen gesehen

Abb. 45 Detail der Außenwand von Pförtnerhaus und Stall

größte Teil dieses Tores ist geschmiedet, obwohl Gaudi bis zu dieser Zeit hauptsächlich mit Gusseisen gearbeitet hatte. Im Wesentlichen ist das Tor aus industriell gefertigten Standardprodukten hergestellt: T-, U-, L-Profile, Spiralen, quadratische Stahlplättchen, Rundstahl, Rohrmaterial, Drahtgeflecht und anderen Produkten, diese dann mehr oder weniger verformt.

Die Basisstruktur des Drachentores besteht aus einem Rechteck zweier I-Profile, einem T-Profil und einem Rohrstück, um das sich das Tor dreht. Das Rechteck ist mit einer diagonal laufenden, quadratischen Rautenstruktur aus T-Profilen und quadratischen Stahlplättchen mit Reliefverzierung gefüllt. Über dem Rechteck *residiert* der Drache, wobei die Oberseite des Flügels als Zugstab dient. Nur die Zunge und die Beine sind gefärbt. Früher hob

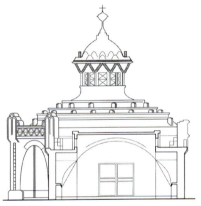

Abb. 46 Querschnitt der Ställe

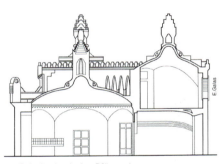

Schnitt durch das Pförtnerhaus

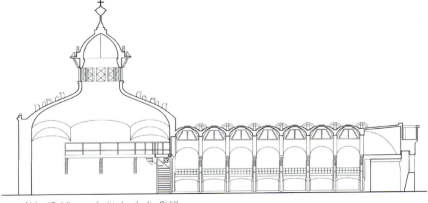

Abb. 47 Längsschnitt durch die Ställe

sich beim Öffnen des Tores eines der Beine. Das 5 m breite Tor hängt an einem 10 m hohen Pfeiler, der, wenn das Tor geöffnet ist, die Funktion eines Gegengewichtes hat; außerdem hält das Gewicht der oberen Hälfte das obere Scharnier aus Naturstein an Ort und Stelle. Außer dem großen Drachentor für Fahrzeuge und Pferde gibt es noch ein kleines Fußgängertor mit einem schönen schmiedeeisernen Gitter (Katalonien verfügt über eine besonders reiche Tradition auf dem Gebiet der Schmiedekunst). Was die äußere Erscheinungsform betrifft, so stimmt das Drachentor im Großen und Ganzen mit dem Tor des Landsitzes von Güell in Garraf überein, der von Berenguer, einem persönlichen Freund und Mitarbeiter Gaudís, entworfen wurde. So ist es möglich, dass der Entwurf des Drachentores von Berenguer stammt. Das Tor in Garraf ist sozusagen ein stählerner Kettenpanzer, der mit Hilfe von Haken und Ösen straff vor das Tor gespannt werden kann.

Abb. 49 Das so genante Drachentor am Eingang zur Finca Güell

Pabellones Güell (1884–1887) Wijnand Looise

Colegio Teresiano (1888-1890)   Jos Tomlow

Allgemeines

1888 erhielt Gaudi den Auftrag zum Neubau mehrerer Gebäude des Santa-Teresa-Ordens in Barcelona-Bonanova. Neben einer Schule sollte der Komplex auch eine Kirche und ein Wohngebäude für die Nonnen enthalten. Da der Orden nur über ein kleines Budget verfügte, war Gaudí gezwungen, das Programm einfach und schlicht auszuführen. Anfänglich gelang ihm das auch. Von seinem ursprünglichen Entwurf, wahrscheinlich drei gegliederte Blöcke in U-Form, stellte Gaudi nur einen Flügel fertig. Auf seinen Wunsch wurde 1912 ein anderer Architekt gewählt, um das Gebäude zu vollenden. Der heutige Komplex ist L-förmig und öffnet sich zu einer Kreuzung. Von dieser Kreuzung aus gesehen liegt rechts der von Gaudi entworfene Flügel mit Klassen- und Wohnräumen für die Nonnen. Der von Gaudí ausgeführte Flügel erinnert typologisch an heutige Bürobauten (vgl. Abb. 52, 53). Dieser Eindruck entsteht durch die Hauptform, ein länglicher Block, und durch die Orientierung der Gebäudestruktur an einer strengen Modulordnung, die sich vor allem in Längsrichtung manifestiert, und schließlich durch die flexiblen Einteilungsmöglichkeiten.

Dort, wo zwei Gänge wie auf der ersten Etage parallel laufen, nimmt das Gebäude die Typologie von spä-

teren Bauten des Gesundheitswesens vorweg, in denen gemeinschaftliche Einrichtungen im Kern angeordnet sind. Dieses Gebäude ist eine besondere Interpretation dieses Typs: Die Gänge werden durch geschickt eingefügte Lichthöfe belichtet und belüftet.

Eine Moduleinheit beträgt 104 cm. Dieses Maß ist die Summe von vier an der Fassade eingesetzten Ziegelsteinen einschließlich der Fugen. Außerdem ist das Maß so gewählt, dass, wenn die Konstruktion eine Spannweite von M-Modulen hat, auch bei einer geringen Stärke der Konstruktionsteile genug Platz bleibt, um einer Person Durchgang zu bieten. Die Fassade - Fenster und Zinnen inbegriffen - die Stellung der meisten Mauern, die Lage der Deckenbalken und die Größe der Balkone in den Lichthöfen beziehen sich auf dieses Maßsystem.[1]

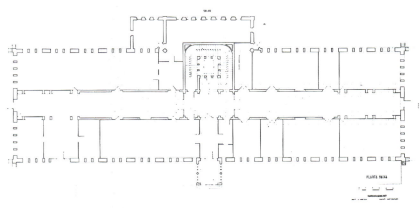

Abb. 52 Grundriss des Erdgeschosses

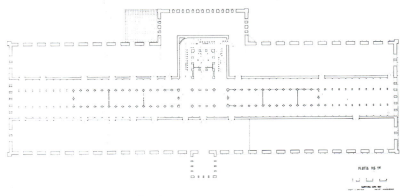

Abb. 53 Grundriss des ersten Geschosses

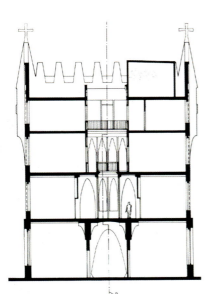

Abb. 55 Querschnitt A-A

Abb. 56 Seitenfassade. Die in jeder Etage unterschiedlichen Einteilungen und Höhen sind an dieser Fassade deutlich ablesbar

Die räumliche Struktur

Das Gebäude hat vier Stockwerke, später wurde ein fünftes hinzugefügt. Früher befand sich zwischen dem vierten Stockwerk und der Dachterrasse ein niedriger, belüfteter Raum, der als Puffer gegen das warme Klima diente. Dem langen Block, dem Hauptkörper des Gebäudes, sind in der Mitte der langen Seite an der Vorderseite ein kleiner und an der Hinterseite ein etwas größerer Block angefügt, in denen sich vorne der Haupteingang und hinten das Treppenhaus befinden. Der zugefügte Block an der Rückseite hat vier Stockwerke, während der Haupteingang nur über drei verfügt. Die Erschließung der jeweiligen Etage erfolgt vom Podest der teilweise in den Block aufgenommenen Treppe.

Neben den Additionen zum Hauptkörper wird der Block durch zwei Lichthofpaare eingeschnitten. Der charakteristische Querschnitt dieses Gebäudes, ein Mittelgang zu ebener Erde und zwei Gänge zu beiden Seiten der Lichthöfe auf dem ersten Obergeschoss, verdeutlichen den Zweck der Gebäudeorganisation: Überall ohne Behinderung der Erschließung Tageslicht zu erhalten. Im Längsschnitt wird deutlich, wie das Licht durch rechteckige Öffnungen im Boden des ersten Obergeschosses auch das Parterre erreicht (vgl. Abb. 51, 57, u. 58).

Die Lichthöfe sind abgestuft; an einigen Stellen erweitern sie sich nach oben sowohl in Längs- als auch in Querrichtung. Diese Ordnung ähnelt der noch viel komplexeren Struktur der Lichthöfe von Casa Battló. Die horizontalen Flächen können als Balkone genutzt werden.

Im Erdgeschoss bildet ein breiter Gang die Verkehrsfläche, von der aus die großen Räume, heute Klas-

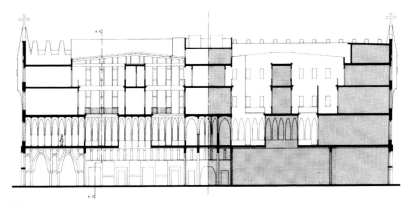

Abb. 57 Längsschnitt. Links der konstruktive Aufbau, rechts der Verlauf des Tageslichts in den Lichthöfen. Die Innenräume sind gerastert angelegt. Zwischen den beiden Lichthöfen der ersten Etage (außen) liegt der Luftraum des Gangs im Erdgeschoss (innen)

Abb. 58 Der Lichthof auf der Höhe des dritten Geschosses

senräume, erschlossen werden. Das Modul bestimmt die Stellung der Wände zwischen den Klassenräumen. Im Grundriss kann man erkennen, dass die Zwischenwände immer an die Wandabschnitte zwischen den Dreiergruppen der Fenster anschließen. Daraus folgt die mögliche Einteilung in Breiten von 3, 4, 5, 7, 8, 9, 11, 12, 13 M usw..

Für die Eingänge der Klassenräume sind in der Flurwand jeweils gegenüber einer Dreiergruppe von Fenstern Zonen mit einer Breite von 2 M (inklusive der Konstruktion) freigehalten. Bei Veränderungen in der Einteilung können die Holztüren gegen gemauerte Wände ausgetauscht werden oder umgekehrt (vgl. Abb. 56). Die Nische, die durch das Setzen einer Mauer entsteht, wird heute noch als Schrankraum benutzt und war dafür wahrscheinlich auch von Gaudí geplant worden.

Die natürliche Belichtung des Ganges erfolgt auf zwei Arten. Die Kopfenden des Ganges werden durch besonders hohe Fenster über den Seiteneingängen belichtet. Die beiden Gangbereiche neben der Eingangshalle erhalten Tageslicht, weil sich die Decke des Erdgeschosses zwischen den Lichthöfen auf dem Niveau des zweiten Obergeschosses befindet, also stellenweise erhöht ist, während die Lichthöfe selbst auf der Höhe des ersten Geschosses enden (vgl. Abb. 57). Der so entstandene Luftraum wird nicht nur mit den beiden Lichthöfen, sondern auch mit den Gängen der ersten Etage durch Fenster verbunden. So ist visueller Kontakt zwischen den beiden Gängen der Etage, den Lichthöfen und dem Erdgeschoss in allen erdenklichen Kombinationen möglich. Die Lufträume liegen zentral in den langen Gangbereichen zu beiden Seiten der Eingangshalle.

Das Treppenhaus tritt aus der Fassade hervor. Eine mögliche Erklärung für die Entscheidung, sich nicht dem

Abb. 60 Fenster der ersten Etage mit Jalousie-Fensterladen

Abb. 59 Ausschnitt der Längsfassade

Abb. 61 Die Fassaden der Stirnseiten sind im Gegensatz zu den Längsfassaden nicht auf dem Raster des Maßsystems aufgebaut. Dies ist an den Lisenen der Eckpunkte des Gebäudes erkennbar. Hier liegt die Maßlinie in Querrichtung neben der Achse der Lisene, während sie in Längsrichtung mit ihr zusammenfällt. Ein Grund für das Abweichen vom Modul könnte die (handelsübliche) Länge der Stahlprofile der Decke des ersten und zweiten Geschosses sein, die dann schließlich anstelle des Rasters die Tiefe der Klassenräume bestimmt hat [2].

Die Fassaden bestehen aus einer gelbroten Ziegelsteinstruktur, die mit gelben Natursteinen ausgemauert ist. Die Holzfenster der Etagen haben Fensterläden.

Fassadenausschnitte; darauf ist das Raster eingezeichnet. Der obere Teil der Fassade wurde, die Zinnen inbegriffen, ganz aus Ziegelstein gefertigt.

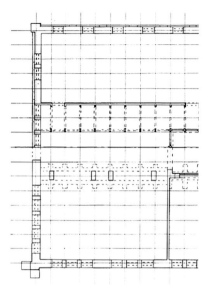

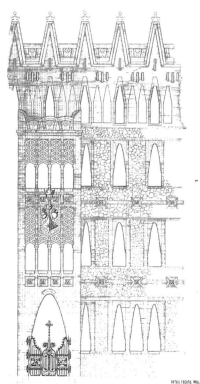

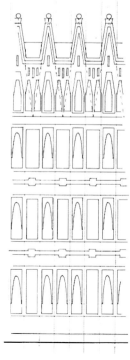

Quader der Hauptform unterzuordnen, ergibt sich vielleicht aus der Struktur des Treppenhauses. Es ist quadratisch mit einer Seitenlänge von 7 M, also tiefer als die Klassenräume. Die Tiefe der Klassenräume selbst korrespondiert nicht mit den Modulmaßen. Im Versatz zwischen Fassade und Treppenhaus befindet sich im Erdgeschoss ein Hintereingang.

Die beiden Gänge des ersten Obergeschosses werden durch vier Lichthöfe und zwei Lufträume getrennt (vgl. Abb. 57). Drei Resträume dienen als Querverbindung. Wie im Erdgeschoss sind auch die Räume dieses Geschosses frei einteilbar. Da auf dieser Etage die Fenster im Modulsystem angeordnet sind, eignet sie sich dieses Stockwerk im Gegensatz zum Erdgeschoss eher für kleinere Räume. Im Erdgeschoss ist es richtig, das System von drei Fenstern als unteilbares Ganzes aufzufassen.

Die Bögen der Konstruktion sind modular geordnet. Zwischen den

Abb. 62 Gang im ersten Obergeschoss. Die äussere Nüchternheit des Gebäudes steht im Gegensatz zur Wärme der Innenräume

Säulen ist genug Platz für die Eingänge zu den Räumen. Im Mittelteil hat man an Stelle der Bögen in Querrichtung profilierte Balken als Tragkonstruktion benutzt. Diese Konstruktion passt sich der des Treppenhauses besser an. Die Zone zwischen den beiden Gängen ist ebenfalls mit Biegeträgern überspannt, da hier die Spannweiten für die Bogenkonstruktion der Gänge zu groß sind.

Durch die großen Glasflächen der Lichthöfe und der Stirnseiten werden die Gänge der Etage großflächig natürlich belichtet. Die Lichthöfe sorgen für eine regelmäßige Belichtung innerhalb der Gänge. Das einfallende Licht wird durch die Bögen gebrochen; eine Art *Jalousieeffekt* entsteht. Durch die vielen Fenster und die Schatten der Bogenkonstruktionen entsteht eine gleichmäßige, gedämpfte Beleuchtung, die dem Charakter des Gebäudes vollkommen entspricht.

Auf der zweiten und dritten Etage befinden sich die Wohnräume der Nonnen. Als Erschließung dient ein Flur entlang der Lichthöfe auf der Treppenseite. Die Toilettengruppen liegen im Kern über den Lufträumen der zweiten Etage. Das Dach ist nach mediterraner

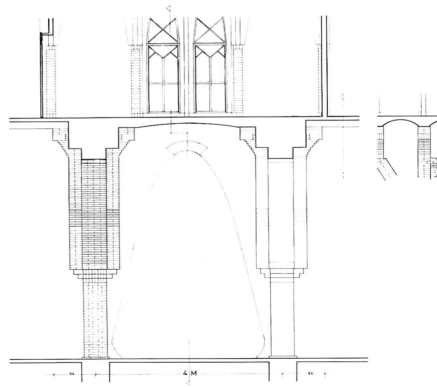

Abb. 63 Ansicht der großen Bögen im Erdgeschoss in einem Querschnitt durch die Tragkonstruktion

Art eine große Terrasse, auf der die Wäsche getrocknet wird, die Druckfässer für das Leitungswasser stehen und die natürlich auch zur Erholung dient.

Die Tragstruktur der Kernzone

Das Gebäude ist symmetrisch aufgebaut, in seiner Kernzone liegen entlang der Längsachse zwei identische konstruktive Zonen. In diesen konstruktiven Zonen sind unterschiedliche Elemente und Funktionen aufgenommen: Fensteröffnungen, die Fassaden der Lichthöfe und die Tragstruktur der Flurfelder, die sich in Größe und Konstruktionstyp voneinander unterscheiden. Für die beiden Konstruktionszonen hat Gaudí das folgende Prinzip entwickelt: Eine an sich freistehende, symmetrische Tragstruktur wird pro Etage auf beiden Seiten unterschiedlich belastet (vgl. Abb. 55).

Im folgenden Abschnitt wird die Tragstruktur von einer der beiden konstruktiven Zonen von oben nach unten an einem exemplarischen Schnitt erläutert (vgl. Abb. 65, 66, 67). Die Wand des Lichthofes steht in den zwei oberen

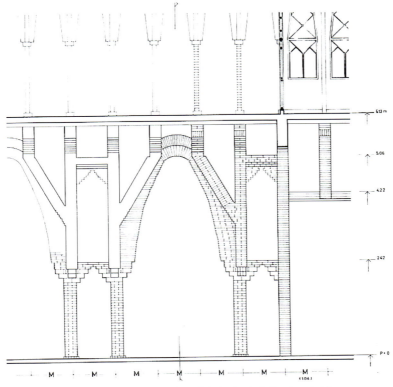

Abb. 64 Ansicht der großen Bögen in einem Schnitt durch die Tragkonstruktion

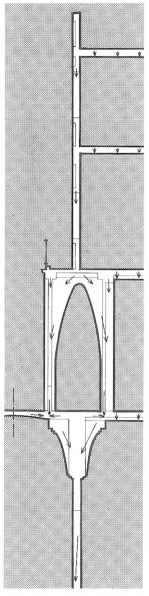

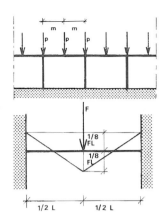

Abb. 66 Schemata der Momente. Die Stützen stehen in 2M und die Belastung in M des Rasters

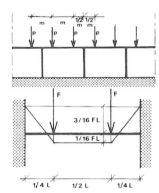

Abb. 67.1 Schemata der Momente im zentralen Flurbereich des Erdgeschosses. Die Stützen stehen in 2 M des Rasters und die Belastung in M. Sie ist um ein halbes M gegenüber dem Basisraster verschoben

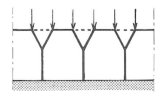

Abb. 65 Schematische Wiedergabe des Kräfteverlaufs im Bereich eines Lichthofes

Abb. 67.2 Schematische Wiedergabe des Kräfteverlaufs in den Endbereichen des Flurs im Erdgeschoss

Etagen in der Mittelachse der konstruktiven Zone, parallel zur Längsrichtung des Gebäudes (vgl. Abb. 65). Diese Wände sind in einer Rippenstruktur aus Ziegelsteinen gemauert. Beide Geschosse wurden hell verputzt, um auch in den unteren Etagen noch genügend Tageslicht zu erhalten. Die schmalen Glieder der Rippen stehen nicht auf dem Grundmodul, sondern in wechselnden Abständen. In den schmalen Zwischenräumen befinden sich die Fenster, die mit den Fensteröffnungen der dritten Etage übereinstimmen.

Die Wand überträgt ihr Gewicht auf den Scheitelpunkt der Parabelbögen in der Flurzone der ersten Etage. Weil die parabelförmigen Bögen auf dem Raster stehen, müssen zwischen den Rippen und dem Modulraster der Bögen entstehende Exzentritäten hier aufgefangen werden. Die Bögen sind in der Längsrichtung des Gebäudes ebenfalls durch weitere schmalere Bögen verbunden.

Die Bögen sind mit der Stärke eines Ziegelsteins sehr feingliedrig ausgebildet. Man hat für die Bögen, die im Verhältnis zu ihrer Höhe sehr schlank geformt wurden, einen gedrungen proportionierten Stein gewählt.

Die Deckenkonstruktion der zweiten wie auch der ersten Etage besteht zwischen Fassade und Kern aus I-Profilen (Achsabstand 104 cm); dazwischen sind Kappengewölbe gemauert. Diese Profile sind in der Kernzone auf den Bögen der ersten Etage bzw. auf den Konsolenpaaren der Innenwände des Erdgeschosses aufgelegt. Am anderen Auflager werden sie durch die Wände getragen.

Im Erdgeschoss besteht die Tragstruktur aus einer Wand, die sich mittels Konsolen nach oben stellenweise symmetrisch verbreitert (vgl. Abb. 65). Die halbe Parabelform der Konsole entspricht der Momentenlinie einer Auskragung, die im äußersten Punkt durch eine Einzellast belastet wird und die zwischen dem äußersten Punkt und dem unteren Anschluss eine Gleichstreckenlast trägt. Die Konsolen sind an der Innenwand symmetrisch angeordnet. Die Tragprofile der Deckenkonstruktion über dem Erdgeschoss gehen über die Konsolen hinaus und nehmen die hier auftretenden horizontalen Zugkräfte auf.

Im Erdgeschoss werden die Eingänge der großen Räume zu beiden Seiten des Ganges mit einem scheitrechten Bogen überspannt. Im Grundriss kann man feststellen, dass die Lage dieser Eingänge (gegenüber einer Gruppe von je drei Fenstern in der Außenwand) nicht nur mit der Grundrissorganisation zusammenhängt, sondern auch durch die Ausfachungen bestimmt wird, die in der Längswand in Abständen von 2M (208 cm) vorgesehen wurden, und zwar jeweils um ein halbes Modul gegenüber dem Hauptraster verschoben. Diese Ausfachungen sind im Grundriss zu erkennen (vgl. Abb. 52). Auch auf den Fotos des zentralen Ganges kann man sie sehen (vgl. Abb. 54). Im Gegensatz zu den Teilen der Längswand, die mit gestuckten oder bemalten Flächen gestaltet wurden, sind sie in voller Höhe unverputzt. Wahrscheinlich besteht die Längswand, wie viele andere Wände in diesem Gebäude, aus einem Ziegelsteinskelett, das mit Steinen von geringerer Druckfestigkeit bzw. einer Lage flacher Ziegelsteine gefüllt ist, die keine nennenswerte Belastung aufnehmen können.

Die Abstandsverhältnisse zwischen Ausmauerungen und Konsolen basieren auf einer besonderen konstruktiven Erkenntnis, deren Gaudí sich auch bei anderen Konstruktionen mit

Mauerziegeln bedient hat. Am deutlichsten wird dies an der Stützplatte und den darauf ruhenden Rippen des Dachbodens von Bellesguard. Abstrahierend kann man sagen, dass hier 2 x n Punktlasten durch n Stützen getragen werden. Die Punktlasten stehen in Abständen von 1 M, die Stützen in 2 M. Im Colegio Teresiano sind die Punktlasten gegenüber dem Raster, auf dem die Stützen stehen, um ein halbes M verschoben.

Es erscheint wichtig, darauf aufmerksam zu machen, dass dieses Prinzip nicht gleichermaßen für einfache Holz- und Stahlkonstruktionen gilt. Beim Vergleich der Momentenlinien (unter Vernachlässigung der ebenfalls auftretenden, allerdings geringen gleichmäßigen Belastung) wird deutlich, dass das größte Moment im Träger auftritt, wenn die Punktlasten gegenüber den Stützen verschoben sind.

Im Erdgeschoss weicht die Tragstruktur des Kerns über 9 M an beiden Enden des Gebäudes stark vom normalen Muster ab. Wie in der übrigen Tragstruktur stellt sich auch hier das Problem, eine Konstruktion zu realisieren, die in Abständen von 104 cm Punktlasten abfangen muss und in der gleichzeitig die nötigen Öffnungen ausgespart werden sollen. Dies führte schließlich zu einer außergewöhnlichen Konstruktion (*vgl. Abb. 64*).

Teilweise wird das Problem mit Hilfe von Konsolen gelöst, auf denen die verlängerten Deckenträger der ersten Etage aufliegen. Für die wichtigen Durchgänge wählte man stattdessen zwei große parabelähnliche Bögen im Wechsel mit Feldern der Spannweite 1 M. Kurze und große Spannweiten alternieren. Beide Wandseiten sind außerdem noch mit Rippen verstärkt, die als Verlängerung der Konsolen fungieren und die die Punktlasten des ersten Geschosses in die lastabtragenden Stützen einleiten. Die kleinen Öffnungen sind auf Kopfhöhe durch zwei Kragarme gekoppelt. Die gleiche Konstruktion wird unterhalb der Konsolen wiederholt. An beiden Stellen werden die Schubkräfte der weit gespannten Konstruktion aufgenommen.

Die Anwendung von geraden und parabelförmig gemauerten Elementen scheint ein Abbild der Analyse des Kräfteverlaufs zu sein. Die geraden Teile signalisieren das Abführen von Punktlasten, während die parabelförmigen Bögen die Übertragung einer gleichmäßigen Belastung repräsentieren. Die Tatsache, dass diese beiden Elemente im Allgemeinen nicht innerhalb derselben Fläche liegen, zeigt, dass hier eine sorgfältige Analyse von Kräften und Lasten durchgeführt wurde.

Gegen diesen Eindruck spricht, dass dort, wo Punktlasten schräg abgeführt werden, auch gleichmäßige Belastungen auftreten (u. a. als Folge des Eigengewichts). Diese Kraft, die zwar von sekundärer Bedeutung ist, hätte bei einer minimalen Dimensionierung des schräg gestellten Elements zur Folge gehabt, dass man dieses leicht gebogen hätte formen müssen. Dass dies nicht geschehen ist und auch andere Verfeinerungen auf dem Gebiet der Statik und Mechanik nicht angewandt worden sind, erklärt sich wahrscheinlich einfach dadurch, dass der auf diese Art schräg gemauerte „Balken" einfacher ausgeführt werden konnte als ein möglicherweise dreidimensionales, bogenförmiges Element. Dass die massiven Stützen dieser Konstruktion nicht dem Raster entsprechend stehen, ist verständlich, wenn man davon ausgeht, dass die kleinen Öffnungen u. a. als Eingänge benutzt werden.

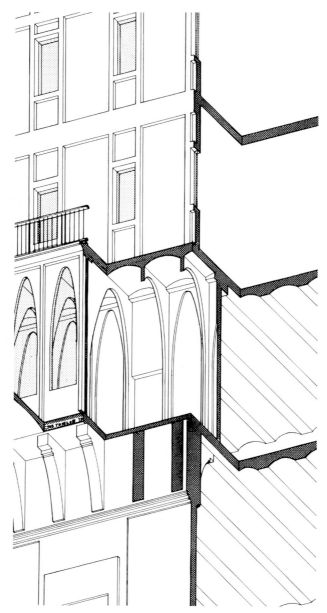

Abb. 69 Axonometrie der Kernzone: Schnitt durch den Lichthof

Oben wurde die These aufgestellt, dass die großen Öffnungen an beiden Enden des Gebäudes erwünscht waren. Dies wird im Grundriss deutlich, wenn man darauf achtet, dass im Erdgeschoss der Zugang der Erweiterung durch den großen offenen Bogen geformt wird. Hier wird das Gangprofil sozusagen um 90° nach links gedreht ähnlich dem Übergang vom Bogen auf der Achse des Haupteingangs zum zentralen Gang. Dass die doppelten Bögen viermal vorkommen, ist nur aus (abstrakten) Gründen der Symmetrie zu erklären. Vielleicht wäre ihr funktionaler Zusammenhang in Gaudís Entwurf für den ganzen Klosterkomplex deutlicher geworden. Dieser von Martinell beschriebene Entwurf ist aber während des Bürgerkriegs 1936-1939 verloren gegangen. Manche vertreten die Auffassung, dass der Gang und die Klassenräume an den Enden des Gebäudes ursprünglich als ein durchlaufender Raum konzipiert waren. Dieser Eindruck wird dadurch verstärkt, dass das eine Ende des Gangs durch Holzfenster und -türen abgetrennt wird. Unabhängig von Gaudís Gedanken verdient die Idee des durchlaufenden Raumes Aufmerksamkeit als eine durch die Konstruktion ermöglichte Alternative für die heutige Situation.

Fußnoten:

1 Ursprünglich wurde jede „Zinne" des Dachrandes, der wie die dritte Etage aus Ziegelstein besteht, mit einer Kopfbedeckung eines Priesters aus Keramik bekrönt. Heute kann man noch an einigen Stellen Verzierungen aus Keramik finden, wie z.B. die fünffarmigen Kreuze auf den Dachecken.

2 Der Grund für das Abweichen vom Modul in Querrichtung liegt wahrscheinlich in der Tatsache, dass Gaudís Planung des Colegio Teresiano vom bereits ausgeführten Fundament einer früheren Planung eingeschränkt war (siehe Torii, T.: El mundo enigmático de Gaudí. Madrid 1983)

Abb. 70 Spiralförmige Säule im Speisesaal im Erdgeschoß

Erker des Palacio Güell (1886-1888) — Peter Bak

Allgemeines

In Spanien haben Wohnungen häufig eine sehr geschlossene, flache Fassade. Zur Straßenseite sorgt oft ein Erker – meistens auf der Hauptwohnetage im ersten Stock – für eine gewisse Belebung des Bildes. In der einfachsten Form handelt es sich dabei um einen leichten, angehängten und mit einer relativ großen Glasfläche versehenen Anbau, der über das bis zum Fußboden heruntergezogene Fenster zugänglich ist. Oft ist der Ecker von mehr als einem Raum aus erreichbar und dient dann neben seiner Funktion als Sonnen- bzw. Lichtpuffer auch als Verbindungsgang. Bei den aufwendigeren Formen verliert sich die letztere Funktion, der Erker bildet hinsichtlich von Material und Form eher eine Einheit mit der übrigen Fassade und die Bindung mit dem dahinterliegenden Raum wird stärker. Die Rückseite scheint in vielen Fällen vollkommen vom Prinzip der geschlossenen Fassade abzuweichen; sie besteht oft aus nichts anderem als einem auf allen Etagen vorkommenden, mit Glas abgeschlossenen Balkon über die gesamte

Hausbreite, hinter dem sich die eigentliche Fassade verbirgt.

Diesen großen Unterschied zwischen Vorder- und Rückfront finden wir auch bei Gaudí in seinen beiden bekannten Stadtwohnungen vor: Casa Calvet (1898-1904) und Casa Batlló (1904-1906). Bei der Rückfront von Casa Calvet handelt es sich sowohl um eine vertikale, wie auch eine horizontale Fünferteilung; Balkone/Loggien wechseln mit Erkern, wobei kaum festzustellen ist, wo die eigentliche Fassadenfläche liegt. Dies wird auch dadurch erschwert, dass die Erker eine Fortsetzung des Wohnraumes über die volle Raumbreite darstellen. An der Vorderfront dieses Hauses fällt allein der kleine Vorbau über dem Eingang auf, neben dem als doppelter *Barockgiebel* ausgeführten Erker. Die Rückseite von Casa Batlló macht einen sehr offenen Eindruck, da hier einfache, geschwungene Balkone über die gesamte Fas-

Abb. 72 *Casa Batlló. Rückfassade. (Siehe auch Kap.9)*

sadenbreite angeordnet sind, die außerdem verschieden hohe, leichte Drahtgitter als Balustrade haben (vgl. Abb. 72). Auch die dahinter liegende Fassade hat einen offenen Charakter. Diese Offenheit findet man ebenso im Erker auf der ersten Etage der Straßenseite. Eigentlich erinnern nur die zwei Stützen an die ursprüngliche Lage der Fassade. Zusätzlich kann das Fenster über die volle Erkerbreite geöffnet werden.

Großzügige Fassadendurchbrüche dieser Art sind kennzeichnend für die Erker von Gaudí, wenn wir auch auf den Entwurfszeichnungen für den bischöflichen Palast in Astorga (1887-1894) eine Galerie im Thronsaal antreffen, die eine deutlich traditionelle Verkehrs- (unc Lichtpuffer-) Funktion zu haben scheint, was vielleicht jedoch protokollarische Hintergründe hatte - dieser Erker wurde aber nicht ausgeführt. Auf derselben Zeichnung ist auch eine Galerie am Speisesaal zu sehen, die als ein vom Speisesaal erreichbarer getrennter Raum aufzufassen ist, wobei nicht deutlich ist, ob es sich hier um einen *Außenraum* handelt, wie Gaudí ihn eher bei Casa Vicens (1878-1885) dem Esszimmer zugefügt hatte. Diese überdachte Terrasse bei Casa Vicens, die jetzt mit Glas geschlossen ist, wurde mit hochklappbaren Holzrosten geschützt. Im hochgezogenen Zustand dienten diese Roste als Sonnenblende. Auf dem Terrassenrand waren Bänke befestigt, die auch bei herunter gelassenen Rosten benutzt werden konnten, im Gegensatz zu den Sitzplätzen am Rand der Loggien im ersten Stock, die nur bei ausgestellten Rosten zugänglich sind. Auf diesen Bänkchen sitzend befindet man sich halb drinnen, halb draußen. Die Bank der Loggien von Casa Vicens findet man auf vielen Balkonen von El Capricho in Santander (1883-1885) wieder. Die Stützen des Gitterwerks, zwischen denen die Bänkchen angeordnet sind, laufen nach oben durch und tragen eine Pergola, was auch hier den erkennbaren innen-außen Effekt unterstreicht. (Jujol verwendete später diese Art Balkonbänkchen in vereinfachter Form u. a. bei der Casa Bofarull (1914) und der Casa Ximenis (1914).) Im Haus Bellesguard (1900-1902) befindet sich ein Erker im mittleren Raum an der Südseite auf der Wohnetage. Er ist die Fortführung eines Vorbaus auf dem Souterrain, der eine Einfahrt enthält. Auf dem Erker ist ein Balkon, der allein von den Eckzimmern dieser Wohnetage aus zu betreten ist. Dies ist deshalb möglich, weil der mittlere Raum schmaler als der mit dem Erker auf der darunter liegenden Etage ist. Hier finden wir also wieder dieses typische Verbinden von Räumen über die Fassade, in diesem Fall durch den Freiraum. Interessant ist weiterhin der konstruktive Aufbau, der mit einer Anzahl einander stützender Bögen realisiert wurde; eine der vielen Bogenvarianten, die in diesem Bau vorkommen.

Die Erker des Palacio Güell

In dem von 1886-1891 gebauten Palacio Güell befinden sich die ersten Erker, bei denen die oben genannten großen Mauerdurchbrüche von Gaudí ausgeführt wurden. Der Vorbau an der Vorderseite dieses Stadtpalastes läuft über den größten Teil der Fassadenbreite durch und korrespondiert mit den drei wichtigsten der vier Räume, die auf der Hauptwohnetage an der Straßenseite liegen. Der größte Teil des Erkers ist ungefähr halb so hoch wie die Etage, aber in den zwei äußeren der genannten drei Räume wird in der Breite von

jeweils zwei oder drei Fenstern, insgesamt sind es 20, die volle Etagenhöhe erreicht, wodurch sich u. a. zwei kleine Balkons für die darüber liegende Etage ergeben (*vgl. Abb. 75 u. 91*). Bei diesen durchlaufenden Elementen wird die darüber liegende Konstruktion von parabelförmigen Bögen abgefangen, die bis an die Decke geführt sind und auf einer einzelnen Reihe von jeweils drei oder vier Stützen ruhen.

In der Wandöffnung des dazwischen liegenden Raumes stehen auf der Breite der Außenwand zwei Reihen von ungefähr gleich hohen Stützen. Die äußere Reihe enthält doppelt soviel Stützen wie die innere und trägt die Fassade (*vgl. Abb. 73, 74 u. 75*). Die Innenreihe trägt die parabelförmigen Bögen, die sich fast bis zur vollen Raumhöhe erstrecken und die von der auf der Außenreihe ruhenden Fassade, in der sich vor den Bögen eine Fensteröffnung befindet, losgelöst sind - auf der Höhe der oberen Fenster sind beide Fassadenebenen gekoppelt (*vgl. Abb. 74*). Die Stützen der Außenreihe haben einen kleineren Durchmesser als die der Innenreihe, stehen in unterschiedlichen Abständen - wechselnd 4:3:4:3- und sind durch einen Sockel miteinander verbunden. Die Fensteröffnungen, die hinter einem solchen Stützentrio liegen, sind niedriger als die dazwischen liegenden Fenster und sind mit einem innen mit Flügelmuttern befestigten Vorsatzfenster versehen, während in der Fensteröffnung selbst ein schmiedeeisernes Gitter sitzt. Die gleiche Art Vorsatzfenster wird für den obersten und untersten Teil der dazwischen liegenden Fenster verwendet,

Abb. 74 Innenansicht des mittleren Teils des Erkers an der Vorderseite, im Saal „salle des pas perdus". Der Palacio Güell ist zur Zeit als Film- und Theatermuseum in Gebrauch

Abb. 75 Einer der beiden erhöhten Teile im Erker an der Vorderfassade

ebenso mit schmiedeeisernen Gittern als feste Trennung.

Der Raum zwischen den Fenstern und den Stützen läuft über die ganze Länge des Erkers durch, ist jedoch so schmal - wegen der geringen Straßenbreite war ein weiterer Vorbau nicht zugelassen - dass er kaum genutzt werden kann. Etwas geräumiger ist es an den Enden, wo eine Einzelreihe Stützen verwendet wurde. Von dort aus kann man die Straße überblicken. Der Sinn dieser Kolonnade muss im Sonnenschutz und im Sichtschutz gesehen werden. Der Fassadenaufbau in mehreren Ebenen wird sowohl an der Vorder- wie auch an der Rückseite und auf der darüber liegenden Schlafetage verwendet, wo eine Stützenreihe mit auflagernden parabelförmigen Bögen hinter der stärker geschlossenen Fassade angeordnet wurde (*vgl. Abb. 77*); was im Erker auf der Hauptetage im oberen Teil zu finden ist, setzt sich hier fort. Dies ergibt eine Art rudimentären Erker, der den Raum zu vergrößern scheint (und darüber hinaus gewichtsmindernd wirkt). Bei den Balkons wurden, wie auch in dem direkt darunter liegenden Erkerteil, eine, bzw. zwei Stützen mitten auf die Mauerbreite gesetzt, was der nutzbaren Balkonfläche zugute kommt.

Auf der Hauptetage wird die Hofseite fast ganz vom Speisesaal in Anspruch genommen. Dieser längliche Raum (ca. 1:4) wird von zwei Portalen an den Seiten des Erkers dreigeteilt (*vgl. Abb. 82 u. 83*). Dem Erker gegenüber sitzt über Augenhöhe ein Fenster zur zentralen Halle. Erker, Portale, Fenster und die abweichende Deckenkonstruktion bewirken, dass in diesem Raum die Hauptrichtung um 90 Grad gedreht zu sein scheint: Ein Zimmer im Zimmer.

Diese Überschneidungen und Verschiebungen kommen sowohl im Grundriss wie auch in den Details im ganzen Bau vor und sind kennzeichnend für die Arbeit Gaudís. Ein Beispiel hierfür in der Grundrissentwicklung ist die in der zentralen Halle ansetzende Treppe zum Zwischengeschoss und von dort aus zur zweiten Etage. In den Details finden wir dies an den Übergängen zwischen den Kapitellen und den parabelförmigen Bögen wieder, wobei sie sowohl aneinander vorbeizulaufen wie ineinander überzugehen scheinen.

Der Erker ist eine sorgfältige und mit viel Liebe für das Detail aufgebaute Konstruktion. Als Basis für diese Kon-

Abb. 77 Isometrie des Fassadeaufbaus an der Vorderseite

Abb. 78 Erker an der Hofseite. Restaurierter Teil des Erkers

Abb. 79 Lamellenscharnier in den zulaufenden Dächern des Erkers

Abb. 80 Tordierte Flacheisen als Eckversteifer für die Konsolen. Die Meßstreifen sind 15 cm lang

Abb. 81 Standartdachelemente

struktion dient der Steinfußboden, der von drei Natursteinkonsolen gestützt wird. An diesem Fußboden sind Konsolen befestigt, auf die der Rest der Konstruktion aufgesetzt ist. Die Unterkonstruktion aus Holz hat an den Seiten eine Eisenplatte und an der inneren Ecke ein Flacheisen, in das zur Verstärkung eine 180°-Drehung geschmiedet wurde (vgl. Abb. 90 u. 91). Diese Konsolen dienen ebenso als Basis für die Bank, die sich dadurch, analog zu den Loggien von Casa Vicens, außerhalb des Hauses befindet. Es handelt sich hier schon um einen Innenraum, aber da hier im Gegensatz zum Erker an der Vorderseite ein Material - Holz - verwendet wird, das sich von dem Naturstein der Fassade unterscheidet, entsteht hier ein Raum, in dem der Eindruck entsteht, man befände sich außerhalb des eigentlichen Gebäudes. Dass dies einhergeht mit einer guten räumlichen Anbindung an den Wohnraum, ist ein Beweis für Gaudís meisterhaftes Können.

Von innen nach außen und von unten nach oben treten Halbierungen der Rastermaße auf, was zu Verdichtungen der Elemente führt, die über Augenhöhe liegen. In vertikaler Richtung wird dies durch die Verzweigung

Abb. 82 Der Erker im Speisesaal an der Hofseite

der Pfeiler der Haupttragkonstruktion erreicht. Außen ist der Erker ganz mit einem festen Sonnenschutz aus Holzlamellen versehen. Dadurch wurden im Erker nach innen drehende Fenster notwendig.

Um diese Fenster öffnen zu können, ohne die Gebrauchsmöglichkeiten des Erkers einzuschränken, ist ein zweiter Vorbau angefügt. Er ruht auf Konsolen, die an den Stützen der Hauptkonstruktion befestigt sind. Der oberste Teil dieses Vorbaus besteht aus einer Reihe von Dächern und Dachrinnen, die aus glasierten keramischen Elementen aufgebaut sind und der Außenseite des Erkers die nötige Rhythmisierung verleihen. Die außen teilweise sichtbaren Unterseiten der keramischen Elemente sind mit glasierten Fliesen verkleidet. Dieselbe Verarbeitung ist zwischen den Konsolen des Vorbaus und bei den Anschlüssen zwischen Erker und Fassade zu finden. Die Dachrinnen liegen von innen gesehen hinter den *Gabeln* und werden dort von eisernen Ummantelungen gestützt und abgedeckt.

Die sich symmetrisch verjüngenden Dächer und die darin vorkommen-

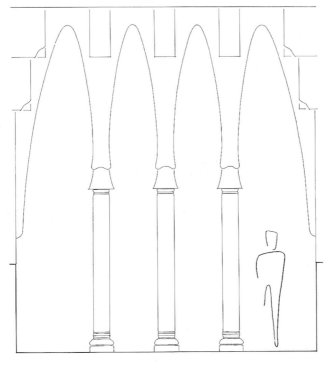

Abb. 84 Fassadendurchbruch zum Erker im Speisesaal

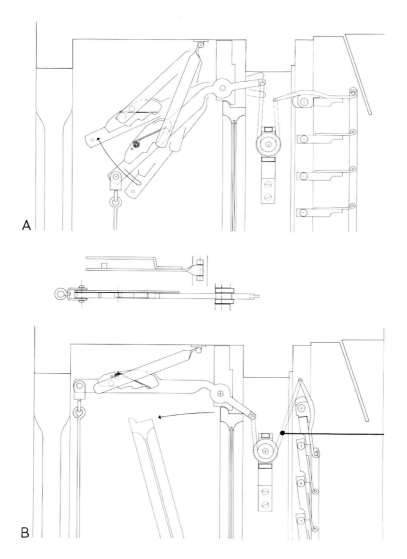

Abb. 85 Bedienungsmechanismus der Sonnenschutzlamellen. A. Lamellen in maximal geöffnetem Stand. Wenn die Stange etwas nach unten gezogen und dann so weit wie möglich nach oben gedrückt wird, wird die geschlossene Anfangsstellung B wieder erreicht. Merkwürdig ist, dass bei geöffnetem Klappfenster der Mechanismus blockiert wird.

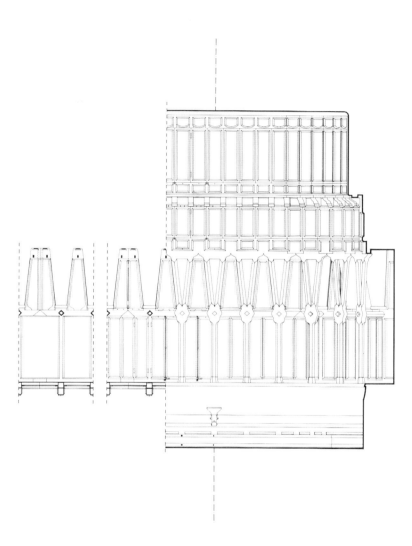

Abb. 86 Erker an der Hofseite. Querschnitt mit Innenansicht über dem zweiten Vorbau.

Erker des Palacio Güell (1886-1888) Peter Bak

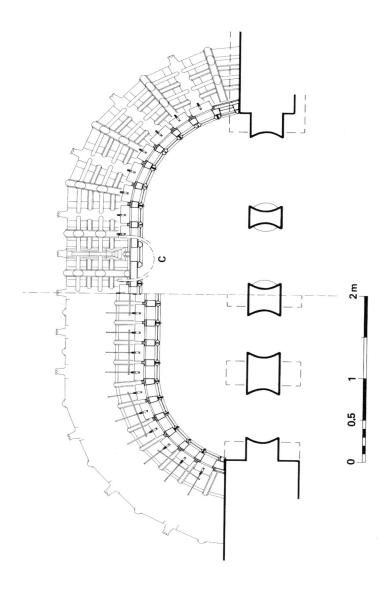

Abb. 87 Erker an der Hofseite. Grundriss E und D/C.

Erker des Palacio Güell (1886-1888) Peter Bak

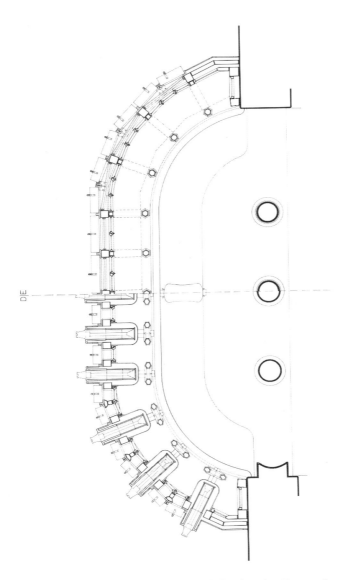

Abb. 88 Erker an der Hofseite. Grundriss A und B. Die doppelten Fenster, die auf der Zeichnung im unteren Teil der Zeichnung zu sehen sind, sind später angebracht worden. Es ist noch unklar, ob sie bei der stattgefundenen Restauration beibehalten wurden.

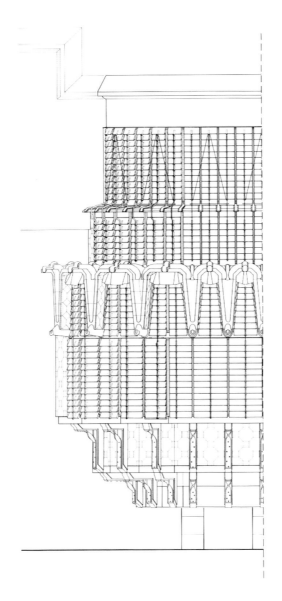

Abb. 89 Erker an der Hofseite. Außenansicht.

Erker des Palacio Güell (1886-1888)   Peter Bak

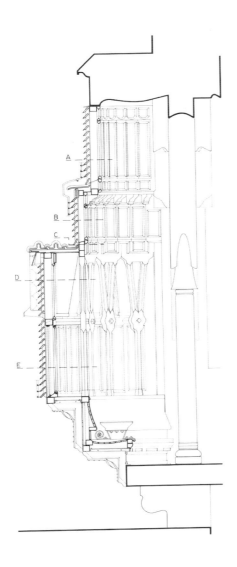

Abb. 90 Erker an der Hofseite. Querschnitt und Innenansicht.

Abb. 91 Isometrie des Fassadenaufbaus an der Vorderseite, teilgeweise geschnitten.

den Lamellen bilden einen Übergang zwischen den Jalousien des Vorbaus und den auf einem versetzten Raster liegenden Jalousien des oberen Teils des Erkers. Das in Bezug auf den unteren Teil halbierte Jalousiemaß im oberen Teil stimmt mit den oben beschriebenen Veränderungen in der dahinter liegenden Konstruktion überein. Zusammen macht dies für den zurückliegenden Teil des Erkers eine gleichmäßig verlaufende Krümmung möglich.

Die Lamellen werden mit einem ausgeklügelten Mechanismus verstellt, der sich an der Innenseite unter dem Dach befindet. Jeder vertikale Abschnitt ist hier einzeln einstellbar. Beim obersten Teil, der auch noch etwas nach innen verspringt, sind immer drei vertikale Abschnitte mit einer horizontalen Stange oberhalb der keramischen Abdeckung des horizontalen Versprungs und mit zwei diagonal von der mittleren vertikalen Koppelstange aus laufenden Drähten aneinander gekoppelt. Innen werden diese Jalousien mit Schnüren bedient, die über Rollen auf einer parallel zur Fassade montierten Achse laufen.

Der oben erwähnte Versatz nach innen wird konstruktiv mit einer kleinen Konsole an der Haupttragstruktur realisiert. Das *nach innen Ziehen* dieses Teiles wird durch die *Blöcke* ermöglicht, die an dem Parabeltor die Wandöffnung verringern und eine Fortsetzung der unterhalb dieses Niveaus begonnenen Verbreiterung der Wand darstellen.

Der Erker setzt sich oben in einem Balkon fort, über dem ein Sonnenschutz aus Holzlatten angebracht ist, der an einem eisernen Rahmen befestigt ist. Möglicherweise war das Gitter auch als Gerüst für Kletterpflanzen gedacht. Erker und Sonnenschutz bilden zusammen die einzige Verzierung der ansonsten einfachen Rückfassade dieses Gebäudes. Vorder- und Hoffassade sind von einer im Prinzip gleichartigen Strenge, aber die Vorderfassade erhält durch den bewegten Dachrand, die Erker und die beiden parabelförmigen Einfahrtstore mit ihrem auffallenden Zierschmiedewerk einen offeneren Charakter.

Da das Haus leider an einer schmalen Straße steht, sieht man immer die Unterseite des auf reichlich schwer ausgefallenen Konsolen ruhenden Erkers. Dies hat eine Abschirmung zur Folge, die von der Straße aus gesehen den Charakter verändert. Die Tatsache, dass Gaudí für diese über 25 Varianten entworfen hat, von denen er zwei seinem Auftraggeber zur Auswahl vorlegte, zeigt, dass diese Fassade sehr bewusst auf einen Ort hin entworfen wurde, den der Architekt sichtlich als schwierig empfunden haben muss.

Allgemeines

Bellesguard liegt in Bonanova, einer Vorstadt Barcelonas am Fuße des Tibidabo. Im Jahre 1900 erhielt Gaudí den Auftrag, für die Witwe Figueras an der Stelle ein Landhaus zu bauen, an der im 15. Jahrhundert ein Schloss des katalanischen Königs Martín I stand. Die Reste hiervon hat er in den Eingangsgebäuden verarbeitet.

Das Haus ist über die Zufahrtsallee an der Westseite zu erreichen. Wegen einer Veränderung der Grundstücksgrenze an dieser Seite des Hauses musste auch der Zugangsweg verlegt werden (vgl. Abb. 96). Die im Gelände vorhandene Schlucht, über die der Weg jetzt führt, wird von einem Viadukt auf schrägen Stützen überspannt. Diese verwendet Gaudí später, aber in weiter entwickelter Form, im Park Güell.

Das Haus selbst liegt etwas höher als der Weg. Die Strenge des Stils, in dem es gebaut ist, wird durch den Materialgebrauch an den Fassaden betont. Große Bruchsteine in verschiedenen Farbtönen bilden die Fassadenfläche. Dieses Material kommt von der Baustelle selbst. Die Umrahmungen der Fenster bestehen auch aus Naturstein, jedoch aus kleinen Stücken, die stets in einem Farbton einen regelmäßigen Block formen.

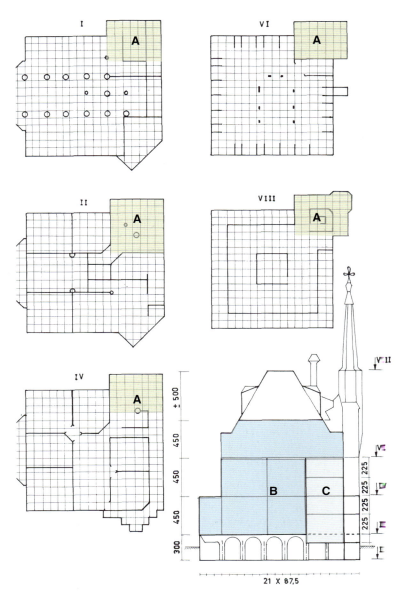

Abb. 93 Bellesguard: Schematische Darstellung des Aufbaus des Hauses

Der Eingang des Hauses liegt im Turm auf der Ecke. Der Turm wird von einem fünfarmigen Kreuz bekrönt, in Katalonien das Symbol für das Schwert des Heiligen Georg, des Schutzheiligen von Barcelona. Das Bild des Drachen, den er damit tötete, kehrt in den Drachenzähnen der Brüstung auf dem Dach wieder. Der Grundriss des Hauses bildet nahezu ein Quadrat. Die Masse des Gesamtbauwerks bildet analog einen Kubus, mit einem Pyramidenstumpf als Dach. Das kleine Quadrat des Eckturmes überschneidet sich mit einer seiner Ecken. Bögen, Rippen und Gewölbeformen werden in dem Haus auf verschiedene Arten verwendet. Alle Räume außer den Bedienstetenräumen werden damit in verschiedenen Varianten überspannt.

Die Struktur des Hauses

Insgesamt ist das Haus geometrisch gesehen als Riegel oder als Quader mit einer aufgesetzten Pyramide zu beschreiben. Der Riegel ist horizontal in 9 Rechtecke eingeteilt, vertikal in 12 (vgl. Abb. 94). Die Höhe des Riegels ist größer als seine Länge und Breite, die Pyramide ist abgestumpft. Bei Betrachtung von Grundrissen und Schnitten scheint auf den ersten Blick wenig Ordnung in der Baumasse vorhanden zu sein. Gehen wir von dem geteilten Riegel und dem Pyramidenstumpf aus, so sehen wir, dass die Ordnung im Umspielen von Ausgangspunkten zu finden ist, in Maßen, in Konstruktionsweisen und im Materialgebrauch. Hier stellt sich gleich ein großes Problem: Da modulare Elemente im Aufbau der Unterschichten fehlen, ist die Deutung von Maßabweichungen am Bau ausgesprochen schwierig, wenn nicht sogar unmöglich geworden. Bei der Beschreibung des Gebäudes führt dies oft zu Mutmaßungen über die Bedeutung von abweichenden Lösungen an Stellen, wie sie z. B. in den Bögen des Dachbodens (des unteren Dachgeschosses) häufig auftauchen, weil hier zu einem vollkommen symmetrischen Aufbau übergegangen wird, dies von einem Unterbau aus, der viele näher zu beschreibende Lösungen enthält. Bewusste, also entworfene Maßverschiebungen und unbewusste, durch Irrtum entstandene Unterschiede überlagern sich und ergeben ein Gesamtbild, das schwer zu analysieren und zu beschreiben ist.

Grundriss

Nehmen wir die beiden Hauptetagen als Ausgangspunkt (Abb. 99), dann sehen wir, dass es sich bei Bellesguard im Prinzip um ein Quadrat von ca. 14 x 14 m handelt. Dieses Quadrat ist in einer Richtung im Verhältnis 4 : 3 : 4 geteilt, wobei das letzte 4er-Maß mit einem Viertel außerhalb des Quadrates liegt. Dieses letzte 4er-Maß wird vom Treppenhaus eingenommen. In der anderen Richtung ist das Verhältnis 3,5 : 3 : 3,5 (+1).

Der Platz für die Wände und damit die Form der Räume ist so in groben Zügen festgelegt, um so mehr, da diese Massen (Haupttrennstruktur) vor allem aus vertikalen Flächen bestehen, was für Gaudí ungewöhnlich ist. So besteht die oberste Dachetage aus einem parabelförmigen Gewölbe mit einem Steigungswinkel der Tangente von 60° (siehe außerdem all seine „späteren" Werke wie die Krypta der Kirche in der Colonia Güell).

Diagonal entsteht eine Serie von 3 Quadraten (Haus, Treppenhaus, *Spitze*) im Verhältnis 14 : 6 : 2,5.

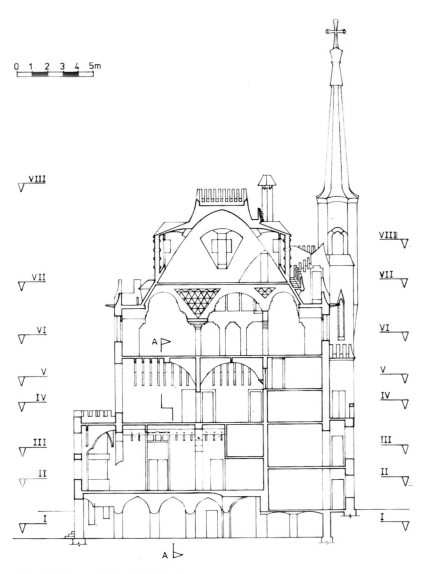

Abb. 94 Bellesguard. Nord-Süd Schnitt.

Höhenmaße

Es handelt sich um zwei Reihen Höhenmaße, d. h. eine für die Haupträume und eine für die Bedienstetenräume; die erste 4,5 : 4,5 : 4,5 : 3 m (Boden, obere und untere Hauptetage sowie Keller), die zweite 4,5 : 2,25 : 2,25 : 2,25 : 2,25 : 2,0 m (Boden, 4 Bedienstetenräume, Keller). Die Höhe der obersten Dachetage ergibt sich aus dem Deckenmaß und der Neigung der Wand, deren Ansatzwinkel 60° beträgt; der Schnitt über diesem Raum kommt einer Parabel nahe, er ist ca. 5 m hoch.

Vorhandene Maßzeichnungen

Die einzigen Zeichnungen von Grundrissen und/oder Schnitten, die wir in der Literatur vorfanden, waren die von Martinell, immer treu kopiert, doch leider mit wesentlichen Fehlern wie:

A) Die oberste Wohnetage ist nicht 6 m hoch, wie auf der Zeichnung, sondern nur 4,50 m.

B) Die mittlere Stütze im Keller (die später beschrieben wird) müsste im Schnitt gezeigt werden.

C) Die Eckbögen in dem Eckzimmer der obersten Wohnetage sind weiter von den Gebäudeecken entfernt.

D) Die im Grundriss des Dachbodens gepunktet angegeben Parabelbögen stehen nicht an der richtigen Stelle.

E) In den Grundrissen existieren Maßabweichungen.

F) Das Kreuz steht um 45° gedreht.

Wir haben versucht, diese Zeichnungen zu korrigieren und zu ergänzen.

Verwendete Materialien

Die Außenseite besteht, wie bereits in der Einleitung zu dieser Analyse erwähnt, ganz aus Natursteinblöcken von verschiedenen Formaten und hat eine Wandstärke von ca. 0,5 m. Möglicherweise ist die Innenseite der Außenmauern mit einer Schicht Ziegelmauerwerk versehen. Beim Dachboden ist dies offenbar teilweise der Fall; hiermit ist ein besserer Anschluss an das Innenmauerwerk (für Konsolen und Innenwände) zu erreichen sowie ein besser haftender Putzgrund.

Alle Innenwände und die Fußböden mit ihren Unterstützungen sind aus Ziegelstein gemauert, teils in sehr dünnen Formaten (5 x 10 x 30, ca. 2,5

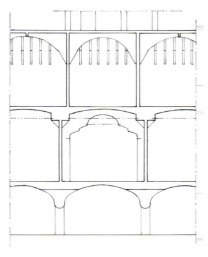

Abb. 95 Ost-West-Schnitt A-A

x 15 x 15, ca. 4 x 10 x 20 cm). Hierbei wurden verschiedene Mauertechniken, Bogen- und Gewölbeformen verwendet. Hierin sehen wir die Meisterschaft der katalanischen Maurer beim Bau traditioneller katalanischer Konstruktionen; diese Beherrschung der Baumethoden ist ein Kennzeichen des gesamten Werks der Gaudinisten, wobei natürlich Gaudí und Berenguer, aber auch Martinell und Jujol diese Methoden als Entwurfsbasis verwendet haben. Dies ist auch der Ausgangspunkt unserer Analyse. Wir wollen hier noch einmal den Leitsatz unseres Projekts nennen: „Gaudí war Rationalist mit perfekter Materialbeherrschung". Diese Thesen scheint in Bellesguard und an verschiedenen anderen Stellen stark angezweifelt zu werden. Gaudí hat das Werk jedoch ziemlich frühzeitig seinem Mitarbeiter Sugrañes überlassen; sollten wir dies berücksichtigen, wenn wir auf Stellen stoßen, an denen Rationalität und Materialbeherrschung weniger ablesbar sind?

Außer den genannten Materialien Naturstein und Ziegelstein wurden verwendet: Zugstangen und Gitter aus Schmiedeeisen, Kiefernholz und Keramik. An vielen Stellen finden wir außerdem noch weißen Putz. Merkwürdig ist der Kontrast in der Materialverwendung zwischen Außen- und Innenseite.

Der Dachboden ist ganz in Sichtmauerwerk ausgeführt. Das tragende Material – alles auf dieser Etage ist darauf abgestimmt – ist zugleich raumbildend, bestimmt Farbe und Atmosphäre und beeinflusst das Klima. Kein Material wurde an das primäre aufgesetzt, um Funktionen zu erfüllen, die vom Basismaterial nicht wunschgemäß erfüllt werden konnten. Diese Etage ist einer der faszinierendsten Räume, die man sich vorstellen kann.

Er ist ein überzeugendes Beispiel für die These, dass man ausgehend von einem Material einen Raum entwerfen kann, der gefällt, bei dem emotionale und rationale Bedeutung der Umhüllung identisch werden. Es handelt sich hier um reine Tragstruktur.

Änderungen an der Außenseite

Bevor Sugrañes in einer späteren Änderung die Bänke zu beiden Seiten des Eingangs anbrachte, war die in Natursteinquadern ausgeführte (oder bedeckte) Kanalisation an der Nordfassade noch nicht vorhanden.

Der Abfluss von den Toiletten ging also durch das Haus. Uns ist nicht bekannt, warum dies verändert worden ist. Vielleicht, weil die Sanitärräume ungünstig im Haus verteilt sind, wie auf den Grundrissen zu erkennen ist. Einer der beiden Schornsteine wurde später erhöht. Er ragte auch schon auffällig knapp über dem Dach hervor. Übrigens fällt auf, wie wenige Schornsteine vorhanden sind! Schon beim Bau muss eine Zentralheizung geplant gewesen sein. Beide Schornsteine werden durch die Bedienstetenräume geführt.

Die Tragstruktur von Fundament bis Dach

César Martinell schreibt in: *Gaudí: su vida, su teoria, su obra*, S. 317: „Die Struktur dieses kleinen Schlosses ist interessant durch die rationale Weise, auf die katalanische Methoden angewendet sind, um die künstlerischen Resultate des Architekten zu erreichen. Bei einer allgemeinen Betrachtung der verwendeten Strukturen erhalten wir den Eindruck, dass er eine anschauliche Darstellung der verschiedenen Arten wünschte, auf die man gemauerte Deckenkonstruktionen ausführen kann, ohne auf die herkömmliche Konstruktion des Balkenfußbodens zurückgreifen zu müssen (außer in den Bedienstetenräumen, wo aneinander liegende Balken eine Zwischenetage bilden)."

Fundament und Souterrain

Über das Fundament ist wenig zu bemerken, da dieses weder auf der Zeichnung, noch in der Wirklichkeit zu sehen ist. Der Boden besteht aus rotem Berglehm, der so fest ist, dass man ein Gewölbe in ihn graben könnte.

(In einer der Ecken des Kellers entdeckten wir eine lange Treppe mit Tonnengewölbe, die unter ca. 45° etwa 10 m in die Tiefe geht; am Ende befindet sich ein reines Kuppelgewölbe von ca. 2,5 m Durchmesser, das als Weinlager gedacht war).

Die Tragfähigkeit des Bodens ist so groß, dass die Fundamentsohle nicht breiter zu sein braucht als die darauf stehende Konstruktion (gleichgültig, ob diese nun punkt- oder linienförmig ist).

Die Außenwand des (Halb-) Souterrains ist aus Bruchsteinen in einer Dicke von ca. 0,5 m gemauert. Diese Außenwand dient teilweise als Kellerwand und ganz zur Stützung des

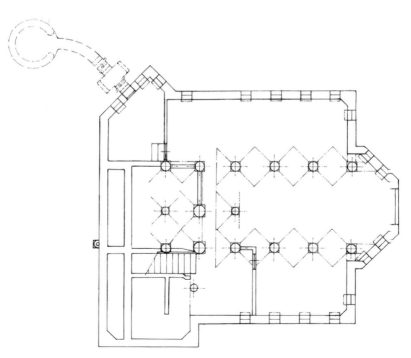

Abb. 97 Grundriss Souterrain I-I (vgl. Schnitt S.114)

Daches, eines Teiles der Decken und der Außenwände. Der Rest des Hauses, die Innenwände und der übrige Teil der Decken werden im Souterrain von einem System runder Stützen getragen, die verputzt sind, aus Ziegelstein gemauert mit ebenfalls verputzten Kapitellen (*vergleiche die Stützen im Keller des Palacio Güell, 1885-1890*). Auf den Kapitellen setzen katalanische Gewölbe an, mit einem Gipsmörtel gefügte druckbeanspruchte Flächentragwerke aus ca. 5 cm dickem Mauerwerk. Die Krümmung dieser Gewölbeform ist für unsere Begriffe vergleichsweise gering. Zur Konstruktion dieser Gewölbe wird auf das Kapitel *Bögen und Gewölbe* verwiesen. Auf den Gewölben ist unter dem Fußboden der folgenden Etage eine lose Schüttung aufgebracht; das ist jedenfalls bei dieser Konstruktion üblich.

Teile des Souterrains sind in anderer Weise aufgebaut: Die Bereiche unter der Eingangshalle und dem anschließenden Teil an der Nordseite des Hauses. Außerdem sehen wir noch eine Stütze mitten im Raum, deren Funktion nicht erkennbar ist; um so weniger, da der Putz über einem Teil des an der Stütze ansetzenden Gewölbes fortgesetzt wird, als ob dieses zum Kapitell gehöre!

Martinell berichtete: „Die Überdeckung des Souterrain, also der Fußboden der ersten Etage, ist aus durchlaufenden dünnen, gemauerten Schalen konstruiert, durchbrochen von Lünetten, die von massiven zylindrischen Pfeilern getragen werden. Weil sie sich im Keller befinden und sich auf dickeren Mauern aufstützen, erfordern diese Gewölbe keine Zugstangen". Einfacher gesagt: Die Stützen und Wände, welche die Decke tragen, sind so schwer, dass sie horizontale Lasten aus den Deckengewölben bequem aufnehmen können. Außerdem ist wegen

Abb. 98 Souterrain

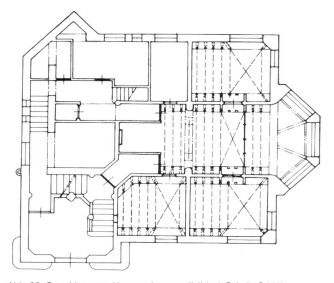

Abb. 99 Grundriss erste Hauptwohnetage II-II (vgl. Schnitt S.114)

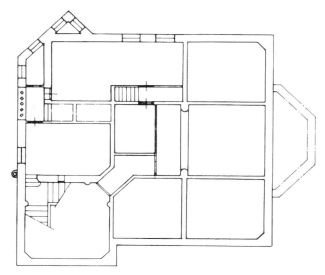

Abb. 100 Grundriss Zwischenetage zur ersten Hauptwohnetage III-III (vgl. Schnitt S.114)

des Gewichts der übrigen Stockwerke die vertikale Belastung so groß, dass die Resultierende von horizontalen und vertikalen Kräften gleichwohl innerhalb der Stützenquerschnitte bleibt.

Die erste Wohnetage

Die erste Wohnetage besteht – was schwere Bauteile angeht – aus der massiven Außenwand (die, wie oben beschrieben, das Dach und einen Teil der Decken trägt) und einer Anzahl tragender Innenwände. Wie an dem Grundriss dieser Etage und dem Schnitt deutlich zu sehen ist, wird sie räumlich in drei Hauptteile geteilt, und zwar in das Treppenhaus mit einem Eingang (A), in einen Wohnteil mit zentralem Wohnzimmer und Schlafzimmer an den Seiten und einem Anbau am Wohnzimmer (B) und in dem Teil mit den Bedienstetenräumen (C), wobei A und C zu ebener Erde liegen, die anderen Räume ca. 1,50 m höher. Die Bedienstetenräume sind so sehr verändert, dass eine Beschreibung schwer fällt. Sie liegen auf zwei Niveaus von ca. 2,50 m Höhe.

Die Hauptachse von Teil B und damit auch vom Keller ist auf das Meer (in etwa Nord-Süd-Richtung) orientiert und steht senkrecht zu der darüber liegenden Wohnetage und des Dachbodens. Diese Achsendrehung ist eines von Gaudís grundlegenden Entwurfsmitteln. Ein weiteres wesentliches Entwurfsmittel treffen wir ebenfalls auf dieser Etage an, nämlich die Durchbrechung der den Raum umschließenden Masse, was zu interessanten Lösungen führt. Beides hat Gaudí schon in früheren Projekten angewendet, z. B. bei Casa Vicens. Wie in der Einleitung bereits erwähnt, war Gaudí – nach eigener Aussage – nicht so sehr auf Neuheiten aus, sondern war auf der Suche nach Vertiefung von erlangter Kenntnis: „Originalidad es: volver al origen".

Die diagonale Erschließung finden wir auf den übrigen Etagen noch einige Male wieder.

Die Raumumschließungen von Teil B

Die Außenwand ist in *opus incertum*, die Innenwände in Natursteinmauerwerk ausgeführt. Die Decken von Teil B bestehen aus Gewölben in Ost-West-Richtung. Den Übergang von Gewölbe zu Wand bilden Konsolen, die in regelmäßigen Abständen (immer ca. 50 cm) ausgemauert sind. Auf diese Konsolen ist eine Platte gemauert, auf der das Gewölbe ansetzt. Diese Konstruktion kommt schon im Colegio Teresiano vor und was die Konsolen betrifft, schon bei Casa Vicens, den Pabellones Güell und dem Entwurf für den Salón de los Actos in Mataró. Da über Casa de los Botines in León (1891-1893) und Casa Calvet in Barcelona (1898-1900) Angaben fehlen, wissen wir nicht, ob auch dort schon diese Konstruktionsweise angewendet wurde. Merkwürdig ist, dass in Richtung der Konsolen gedrehte Zugstangen verwendet werden, merkwürdig aus verschiedenen Gründen:

1. Das Tordieren. Dies kommt immer wieder im Werk Gaudís vor, nicht immer ist ein Grund in der Tragfunktion des betreffenden Elements zu finden; bei Druck könnte man annehmen, dass eine *durchschnittliche* Steifigkeit in allen Achsen auftritt, leider konnten wir hierfür keine befriedigende Erklärung finden. Bei Zug könnte es sich um eine (symbolische) Vorspannung handeln (vgl. Abb. 102). Dies erklärt dann vielleicht, warum in dem großen Bogen im

Wohnraum auf dem ersten Wohngeschoss, der eine der tragenden Wände der darüber liegenden Etage trägt, eine stärker tordierte Zugstange angebracht ist (mehr Schläge pro Längeneinheit).

2. Diese Konstruktion würde sich in den höheren Etagen, wo an sich eine kleinere vertikale Belastung vorhanden ist, eher anbieten als die hier verwendete. Die Tatsache, dass in der obersten Etage eine hohe Deckenkonstruktion verwendet wird, erklärt sich entweder aus dem Wunsch des Auftraggebers, auf der 2. Wohnetage einen höheren Wohnbereich zu haben als auf der ersten, oder sonst aus den gewünschten Niveaus und den erforderlichen Verbindungen (der Eingang im Erdgeschoss, der ersten Wohnetage, ist erhöht, so dass im abschüssigen Gelände ein Keller gebaut werden kann. Zwei Bedienstetenräume liegen übereinander, der untere auf dem Niveau des Eingangs; die untere Dienstetage der obersten Wohnung auf dem gleichen Niveau wie die Wohnräume, und ein ganz flacher Dachboden. Eine Erklärung könnte auch darin liegen, dass die Überspannungen nach oben eine Tendenz von flach zu parabolisch erkennen lassen).

3. Die relativ hohen horizontalen Kräfte (Schubkräfte) bei dieser flachen Gewölbeform heben sich auf den Trennwänden gegenseitig auf (stehen also im Gleichgewicht). Allenfalls in den Seitenräumen wären noch Zugstangen notwendig; aber auch diese sind überflüssig, wenn die Außenwände die horizontalen Kräfte

Abb. 102 Gedrehte Zugstangen im Wohnraum

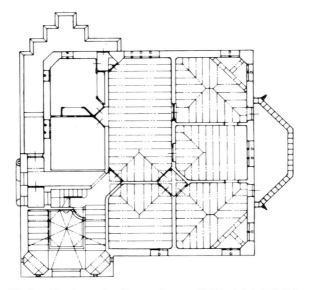

Abb. 103 Grundriss der zweiten Hauptwohnetage IV-IV (vgl. Schnitt S.114)

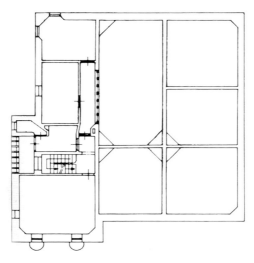

Abb. 104 Grundriss der Zwischenetage zur zweiten Hauptwohnetage V-V (vgl. Schnitt S.124)

mit Hilfe einer großen vertikalen Auflast (z. B. Gewicht darüber liegender Wände) aufnehmen können und/oder bei großer Wandstärke. Außerdem ist eine beträchtliche Masse vorhanden, die durch die Füllung zwischen den Gewölben über den Wänden entsteht; durch den Gebrauch der Konsolenkonstruktion stehen die Kämpferpunkte der Gewölbe weiter auseinander (doppelter Konsolenabstand). Wo in den Seitenteilen Zugstangen nötig sind, weil die Außenwand die Schubkräfte augenscheinlich nicht aufnehmen kann, müssen sie in einer Querausfachung angebracht werden.

Die genannten Konsolen aus 4 cm dünnem Mauerwerk bilden in gewissem Sinne die Vorwegnahme der auf den höher liegenden Etagen zu findenden Konstruktionen, die in dieser Analyse später behandelt werden.

Zu erwähnen sind noch die gekreuzten Zugstangen, von denen sich in jedem Fach ein Paar befindet. Diese Paare liegen jedoch nicht in einer Linie; außerdem ist ihre Zweckbestimmung nicht eindeutig. Ihre Lage in den äußeren Jochen (den Schlafräumen) hängt mit den dort vorhandenen hohen Fenstern zusammen; diese sind so hoch, dass sie über den Ansatz der Konsolen reichen. Merkwürdig ist, dass dabei nicht das System des Colegio Teresiano weitergeführt wurde, bei dem die Rahmen zwischen den Pfosten mit Konsolen zusammenfallen. Die Kreuzstangen im Wohnraum stimmen mit den Eingängen zu den Schlafräumen überein, aber weil sie nicht in der Verlängerung der Kreuze in den Schlafräumen liegen, fallen die letzteren also nicht mit den Türöffnungen zusammen (wie auf den Zeichnungen gut zu erkennen ist). Wenn wir vom strengen Zusammenhang, den wir im Colegio Teresiano antreffen, ausgehen, kommt uns hier Einiges – es sei nochmals bemerkt – merkwürdig vor. Betrachten wir jedoch den Palacio Güell, dann sehen wir auch dort vielfältige Abweichungen, Widersprüchlichkeiten und Durchbrechungen. Diese *Verschiebungen* können wir einer Reihe von Ursachen zuschreiben: Fehler während des Bauens können zu (kleinen) Maßabweichungen führen, wie sie im Keller zu finden sind. Diese *Fehler* sind kaum zu identifizieren, da Originalzeichnungen fehlen, während zudem die Aufmaßzeichnungen feststellbare Differenzen zur wirklichen Situation enthalten.

Die Verschiebungen folgen – als Variationen eines Themas – einem derart komplizierten Muster, dass dieses nur mit viel mehr Aufwand und Mühe unserseits entschlüsselt werden könnte. Oder es folgt einem Schema, das uns nicht bekannt ist. Anders formuliert: Vielleicht handelt es sich nicht um Abweichungen von einem bestimmten System, sondern das System ist für uns nur nicht *lesbar*. Es könnte sein, dass Gaudí sich sehr für die Gegenüberstellung von verschiedenen Strukturen, Materialien und Räumen interessierte. Er war weniger auf der Suche nach harmonischen, sondern nach dynamischen Lösungen, was sich deutlich genug in der Entwicklung seines Werkes zeigt. Diese Neigung zu dynamischen, manchmal disharmonischen Lösungen könnte mit der allgemein gültigen Kompositionslehre seiner Zeit zusammenhängen. So ist z. B. die Eingangsfassade von Bellesguard als eine eklektische Komposition mit seinem exzentrisch aufgestellten Eingangstreppenturm zu erkennen, und dies gilt sicher gleichermaßen für die Nord- und Ostfassaden.

Auch die Grundrissform ist sicher nicht als klassisch zu bezeichnen. Die Südfassade ist hingegen – auf die Stadt und das Meer ausgerichtet – symmetrisch aufgebaut: Die Proportionen zwischen dem Ganzen und seinen Teilen und diesen untereinander lassen eine große Ausgewogenheit erkennen; dagegen zeigt die Nordfassade, hinter der sich die Bedienstetenräume befinden, eine größere Vielfalt an einzelnen Teilen mit weniger Zusammenhang in Maß und Form. Sie geben übrigens gleichermaßen die Bedeutung des dahinter Liegenden wieder. Dasselbe gilt für die West- und die Ostfassade (2. Gartenfassade).

Zurück zur Tragstruktur: die Bedienstetenräume haben nach Martinell eine gewöhnliche Balkendecke. Wir konnten dies leider nicht überprüfen. Auf jeden Fall ist die Konstruktionshöhe minimal, da die insgesamt verfügbare Höhe für zwei Bedienstetenetagen auf der ersten Hauptetage nur 4,30 m, auf der zweiten 4,50 m beträgt. Die Konstruktion des Erkers ist der des Treppenhauses sehr ähnlich; sie besteht aus einer schweren Außenwand, in der Fensterpartien ausgespart sind. An den Ecken des im Grundriss halben Achtecks ent-

Abb. 105 Decke des Wohnraums auf der zweiten Hauptwohnetage

springen vier halbe Bögen. Zwischen diesen vier Halbbögen, von denen zwei in der Außenwand des Hauptblocks liegen, sind für die Fensteröffnungen zusätzlich Rippen gespannt. Der Sinn dieser Lösung ist nicht erkennbar, die Form ist die gleiche wie bei den Rippen der Hauptetage. Die Form der halben Bögen kehrt im Dachboden zurück.

Die Zweite Wohnetage

Die zweite Wohnetage besteht genau wie die erste aus der massiven Außenmauer und einer Anzahl tragender Wände. Ebenso gliedert sie sich in drei Teile. Der Wohnteil unterscheidet sich räumlich in einem wichtigen Aspekt von dem der darunter liegenden Etage: Der Hauptwohnraum ist nach Osten orientiert, also um 90° gedreht. Dadurch sind die Bedienstetenräume alle direkt auf den Hauptraum bezogen. Merkwürdig ist, dass die Personaltreppe von den unteren Bedienstetenräumen aus nur über den Hauptraum oder außen herum über einen Gang zu erreichen ist. Da wir die Verhältnisse im Haushalt der Familie Figueras, der Auftraggeberin, nicht kennen, ist eine Analyse der Erschließung schwer vorzunehmen. Immerhin dürfen wir davon ausgehen, dass die Verhältnisse nicht demokratischer waren als heute, und wir fragen uns, ob und wie z. B. Küchenabfall und Gäste gleichzeitig die Vordertür passierten; der unterste Teil der Haupttreppe dient nämlich auch als Verbindung zwischen Keller und oberer Bedienstetentreppe. Einen Hinterausgang gibt es eigentlich auch nicht.

Überwölbung der Wohnräume

Das Prinzip der Überwölbung besteht aus einer flachen gemauerten Decke, die auf dünnen gemauerten Bögen ruht, von Martinell *Diaphragmabögen* genannt (vgl. Abb. 92 u. 105). Diese Bögen finden sich auf dem Dachboden wieder. Der Ansatz dieser Bögen wird von einer Konsole von 5 cm Dicke gebildet, die ungefähr 8 Steine von jeweils 10 cm hoch ist; hierauf beginnt der eigentliche Bogen, der einige Lagen umfasst. Darüber wird das Mauerwerk in horizontalen Lagen fortgesetzt, bis zu der Höhe auf welcher der Fußboden zu liegen hat. Die Bögen stehen ca. 0,5 m auseinander. Dieser Abstand kann nach katalanischen Mauermethoden einfach mit Ziegeln oder Hohlziegelsteinen überbrückt werden. Die Richtung der Bögen, die auf dieser Etage ganz verputzt sind, ist in dem großen Raum einfach nachzuvollziehen: von Wand zu Wand über das kleinste Maß spannend. Hierdurch wird eine vergleichsweise große Fensteröffnung möglich. An der anderen kurzen Seite ist eine Anzahl (halber) Bögen in der anderen Richtung angebracht; dasselbe geschieht im dahinter liegenden Raum. Diese Richtungsänderungen sind nicht mit den diagonalen Eckdurchbrüchen zu erklären, da die Durchbrechungen sich auf einem niedrigeren Niveau abspielen als die Bogenkonstruktion; auch nicht mit der Tragstruktur der oberen Geschosse. Diese ruht auf den Wänden und fällt nicht mit den Bögen dieser Etage zusammen. Die Bogenkonstruktion trägt nur den Fußboden des Dachbodens und führt dessen Lasten zu den Wänden ab. Wenn man davon ausgeht, dass es hinsichtlich der Lastabtragung gut ist, eine Wand symmetrisch zu belasten, dann liegt das angewandte Prinzip auf der Hand. Das

Schema sieht nun folgendermaßen aus: Die Bögen im Hauptwohnraum überdecken die kleinste Spannweite. An einer Seite werden diese von der als Knickaussteifung wirkenden Zwischendecke der Bedienstetenräume im Gleichgewicht gehalten, an der anderen Seite von möglichst vielen Bögen der Seitenräume. Der Grund scheint darin zu liegen, die gleiche Überspannungsrichtung in diesen Räumen wie im Hauptraum beizubehalten. Dies führt zu einer Schubkraft über die gesamte Länge der Südmauer und zu keinerlei horizontaler Belastung der vorhandenen Zwischenwände. Da die Bögen nun auf die vier Wände verteilt sind, werden alle Wände gleichmäßig belastet. Es entsteht also wenig Druck auf die Außenwand, die nur mit eigener Masse und vertikaler Belastung reagieren kann, und es entsteht kein horizontaler Schub auf die Innenwand. (Oder vielmehr nur ein geringer, da die Felder links und rechts praktisch nie gleich sind).

Wegen der hohen Fensteröffnungen mit äußerst zierlichen Pfosten,

Abb. 106 Bogenstruktur aus Ziegelmauerwerk im Dachboden.

die durch ihre geringe Knickfestigkeit kaum nennenswerten Druck aufnehmen können, konnten die Bögen nicht an den Stellen in den Außenwänden aufliegen, an denen diese Fenster vorgesehen waren.

Dieses Konzept unterscheidet sich deutlich von dem des Colegio Teresiano. Dies könnte zu tun haben mit der Entwicklung von den eindeutigen Fassadenkonstruktionen zu den zusammengesetzten, wie sie z. B. in den Erkern vom Palacio Güell und Casa Battló vorkommen, aber auch schon in den Dachböden des frühen Casa Vicens und von Bellesguard.

Die Fenster in beiden Fassaden führen an den Ecken des Hauses erneut zum Problem, die Bogen aufzufangen, eine Schwierigkeit, die in linearer Anordnung bereits gelöst war. Hier haben die Architekten einen übereck gesetzten vollen Bogen verwendet, auf dem noch von der verstärken Ecke des Baublocks aus ein halber Bogen abgestützt ist. Die verstärkte Ecke, eine Art Eckversteifung, wird im Gebäude bis zum Dachboden geführt, wie in den Grundrissen deutlich zu sehen ist; eine Negativform der diagonalen Eckdurchbrüche der Innenwände.

Noch etwas über Standort und Maß der großen Fenster: In der Fassadenkomposition zeigt sich, dass das Verhältnis zwischen dem Jochmaß der hohen *gotischen* Fenster und den Fassadendurchbrüchen des Dachbodens 2 : 3 beträgt. Die Fenster bestehen aus 2, 3 oder 4 Feldern. Die Öffnungen der unteren Etagen sind gleich breit.

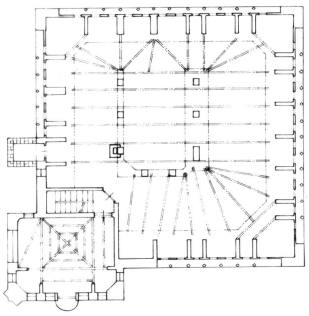

Abb. 107 Grundriss Dachboden VI-VI (vgl. Schnitt S.114)

Dachboden

Der Dachboden ist sicher der interessanteste Raum, der im Haus zu finden ist, und dies, obwohl es sich hier um einen Raum ohne repräsentative Funktion handelt (vgl. Abb. 106-116). Es ist sonderbar, wie man über eine schmale Treppe, auf der man kaum aufrecht stehen kann, in einen von leichten Bögen überwölbten Raum kommt: Ein Quadrat von gut 11 x 11 m, 4,5 m hoch, von Nischen umgeben, die einen Meter tief und abwechselnd 1,5 m oder halb so breit und zwei Meter hoch sind, Nischen mit Tonnengewölben, Ecknischen mit katalanischen Gewölben, und im Raum acht Stützen, auf denen wieder Balken aufliegen mit den scheibenartigen Bögen, die an der Außenseite auf den Nischen enden; darauf die Flächen des Daches und des oberen Fußbodens. Und das alles ausschließlich aus Ziegelmauerwerk, keine Hinzufügungen welcher Art auch immer, reine Tragstruktur, die zugleich alle anderen Funktionen erfüllt.

Die Stützen stehen auf den Trennwänden der zweiten Etage im Hauptraster. Die Scheiben, welche die Wände der Nischen bilden, sind eigentlich eine Art von Konsolen an den Außenwänden. Sie stehen also nicht auf Balken oder Wänden! Die Verbindung zwischen diesen Konsolen und dem Haus ist auch ziemlich schwach ausgebildet, sie umfasst die Brüstungshöhe unter den Fenstern, also ca. 1 m. Darü-

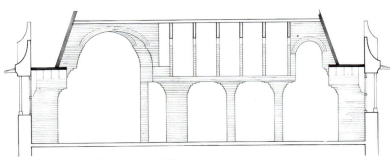

Abb. 109 Längsschnitt Dachboden C-C

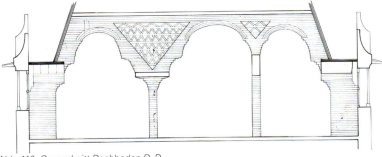

Abb. 110 Querschnitt Dachboden D-D

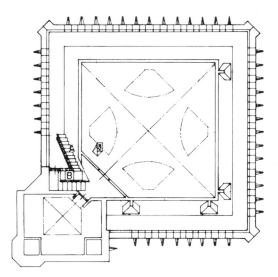

Abb. 112 Grundriss des oberen Dachbodens VII-VII (vgl. Schnitt S.114)

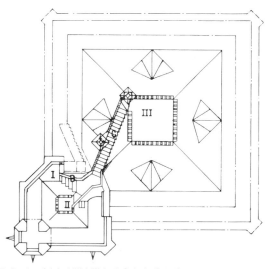

Abb. 113 Dachaufsicht VIII-VIII (vgl. Schnitt S.114)

ber finden wir in der Außenwand einen Fensterstreifen, in dem das einzige *tragende* Material aus einer Reihe leichter Stützen aus dünnem Eisenprofil besteht, die spiralförmig mit kleinen Stücken Naturstein beklebt sind, wie der Stab eines *gotischen* Fensters.

Mit den Fenstern des Dachbodens verhält es sich wie folgt: Sie stehen in einer Halbsteinwand, die außen grob verputzt ist, auf der Innenseite der Brüstung. Es sind nach innen drehende Fenster, die oben unter 45° zulaufen. Nach dem Ausmauern der Nischenwände zu Konsolen wären die Fenster jedoch nicht zu öffnen gewesen. Darum ist ein Teil der Konsole (und des Tonnengewölbes) weggebrochen worden, jedenfalls in den Jochen, in denen Fenster vorhanden sind; die anderen sind nicht beschädigt. Dies alles ist so unlogisch, dass wir uns lange gefragt haben, was dazu geführt hat. Mir scheint strukturell am glaubwürdigsten, dass der Dachboden ursprünglich als vollkommen offene Etage vorgesehen war. Dies scheint durch die etwas undeutliche Materialanhäufung in der Außenwand bei den Ecknischen bestätigt zu werden. Ein derartiger offener Dachboden bietet außerdem eine gute Wärmedämmung für das Haus und kommt in dieser Art häufig in Spanien vor.

Die bauliche Struktur des Dachbodens kann vielleicht folgendermaßen am besten beschrieben werden: Um ein Quadrat von 11 x 11 m sind in regelmäßigen Abständen (0,85 und 1,70 m) gemauerte Scheiben von ungefähr 1 m Länge und 2 m Höhe gesetzt. Auf diesen einen halben oder einen ganzen Stein dicken Scheiben sind parallel zur Fassade Konsolen gemauert, die sich bei den schmalen Scheiben berühren, während bei den breiten noch ein Tonnengewölbe darauf gesetzt ist. So entsteht ein *Randbalken* auf *Stützen* für einen Pyramidenstumpf, der von vier schrägen Flächen gebildet wird in derselben Konstruktion wie die Außenmauern: außen Naturstein, innen Ziegelstein – hier Hohlziegelstein, der innen eine Drucklinie bildet und außen eine Ebene, so dass die Wandstärke nach oben zunimmt. Die Natursteinplatten geben eine fast wasserdichte Schicht ab, während das Hohlziegel-

Abb. 114 Dachboden, Innenraum

Abb. 115 Eckbereich des Dachbodens

steinmauerwerk einfach hochzumauern war; wahrscheinlich ist dafür keine Hilfskonstruktion verwendet worden. Die übrige Konstruktion, also die acht Stützen, die Bögen und der Fußboden des oberen Dachgeschosses formen darin eine Art von selbstständigem Tisch, wodurch im Dachboden zwei Etagen ausgebildet werden konnten. Es ist sogar möglich, dass dies ursprünglich nicht geplant war; damit wäre die schwierige Zusammenstellung des Tisches erklärt. Ein quadratischer Grundriss mit regelmäßiger Einteilung, auf dem ein quadratisches Dach aufliegt, führt normalerweise zu Regelmäßigkeit in den Zwischenstützungen und den Überspannungen. Nun sind durch die Unregelmäßigkeit in der Maßführung in den unteren Etagen alle Maße verschieden. Der Aufbau des *Tisches* ist folgendermaßen zu beschreiben:

Auf die Innenwände der zweiten Hauptetage, die den Wohnraum begrenzen, sind acht Stützen gesetzt. Davon haben sieben einen Querschnitt von 30 x 30 cm und eine von 30 x 80 cm. Das letzte Maß ergibt sich deshalb, weil eine Wand in der Verlängerung fehlt. Hierdurch würde die Auskragung des Kapitells auf einer normalen Stütze zu groß werden. Die Stützen stehen auf einem konsequenten Raster von 180 cm, das wieder vom Raster der Bögen abweicht. Die Stützen erweitern sich über Konsolen in ein oder zwei Richtungen. Auf der anderen Reihe und der Reihe mit zwei Konsolen ist ein hoher Balken angebracht, und zwar weil die lichte Höhe des mittleren Bogens beträcht-

Abb. 117 Außenansicht der oberen Dachbodenfenster

Abb. 118 Leibung eines Fensters, für das ein Teil der Konsole weggeschlagen wurde.

lich größer sein muss als die der Bögen an den Seiten, da die Seitenschiffe durch die Scheiben der Außenwand verschmälert sind und weil das Mittelschiff größer ist. Dafür würde entweder der oberste Dachboden zu niedrig (also auch viel kleiner!) oder der Bogen des Mittelschiffs so niedrig durchlaufen, dass unter der linken Stützenreihe ein Durchgang nicht möglich gewesen wäre. Durch die Verbreiterung des Balkens, die wegen der Belastung symmetrisch ist, wird die Spannweite nun verringert; und damt auch die des Seitenschiffes. Bei allen folgenden Bögen ist das System der Bögen der zweiten Wohnetage verwendet worden: Erst eine konsolenartige Ausmauerung, anschließend ein Stück mit kurzem Verlauf und dann ein Bogen von einigen Schichten; dazwischen und darüber ein Schirm, der teils auf eine minimale Materialstärke reduziert ist. Diese dreieckige Stapelung finden wir auch schon im Colegio Teresiano, und sie kann als traditionell angesehen werden; hier hat sie eine tragwerkstechnische Bedeutung erhalten.

Die Bögen strahlen vom Zentrum zum Randbalken aus, der bereits beschrieben wurde.

Die „Tischfläche" wird nun von einigen Schichten Hohlziegelstein gebildet, die über die Bögen gemauert sind. Diese Spannweite ist mit dieser Konstruktion zu bewältigen. Die weiteren Abweichungen in Balken und Bogen sind nun ausgehend von dieser elementaren Beschreibung zu erklären.

Unbeschädigtes Nischengewölbe

Abb. 119 Konstruktion über dem Eingang des Dachbodens

Abb. 120 Innenansicht Eckfenster auf dem oberen Dachboden

Casa Batlló (1892-1944) Albert Welfing

„Antoni Gaudí, Casa Batlló, façade: bones and lava at the base, death masks and undulating sea in the middle and dragon looking down sleepily at the top... For a long time I puzzled over the meaning of the roof dragon - that sleeping monster sprawled out at the top who looks down on the passer-by with one eye lazily, half open. The ceramic tile of what appears at first its tail (the three-dimensional cross) shades slowly from golden orange on the left to blue green on the right.

Saint George, it turns out, is the patron saint of this city, and Barcelona has always been the center of a separatist Catalan movement. The Casa Batlló then apparently represents this struggle in its metaphors: the dragon - Spain - is being slain by that three-dimensional cross wielded by Barcelona's patron saint. The bones and skulls refer to the dead martyrs who have been victimized in the struggle. All this in an apartment building!" (Ch. Jencks: *The language of Post-Modern Architecture*) Es gibt über die Casa Batlló wohl noch einiges mehr zu sagen.

Abb. 122 Casa Batlló. Das Gebäude rechts auf dem Foto ist später um zwei Geschosse erhöht worden, wodurch die Traufkante von Casa Batlló nicht mehr die beabsichtigte Anbindung an Casa Amatller von Puig y Cadafalch auf der linken Seite herstellt.

Allgemeines

Im Zentrum der aus dem 19. Jahrhundert stammenden Erweiterung Barcelonas, am Paseo de Gracia, besaß Herr Batlló ein Wohnhaus, das am Ende des 19. Jahrhunderts gebaut worden war. Im Jahre 1900 beschloss er, das Haus abzureißen und auf demselben Grundstück ein neues zu bauen. Von diesem Plan kam er vier Jahre später ab und begnügte sich damit, die Kellerräume sowie das Erdgeschoss und das 1. Obergeschoss umzubauen, in das er selbst einziehen wollte. Er fragte Gaudí, ob er diese Aufgabe übernehmen wolle. Dieser machte einen Entwurf für den Umbau des Hauses, das, als es 1906 fertig war, das auffälligste Gebäude auf dem Paseo de Gracia geworden war, zumindest bis zu dem Zeitpunkt, an dem 1910 die Casa Milá fertig gestellt wurde, das etwas weiter auf dem gleichen Paseo liegt.

Der Paseo de Gracia war der wichtigste Boulevard im Erweiterungsplan für Barcelona, der im Jahre 1856 von Ildefonso Cerdá aufgestellt wurde. Bis 1858 war Barcelona eine vor allem militärisch geprägte Stadt, in der es verboten war, außerhalb der Stadtmauer auf einem Streifen von 2 km Breite zu bauen, weil dieser Bereich für die damalige Artillerie freigehalten werden musste. Als Folge der industriellen Revolution wuchs die Bevölkerung sehr schnell, wodurch der gesamte, innerhalb der Stadtmauer verfügbare Raum sehr intensiv genutzt wurde. Eine Untersuchung aus dem Jahre 1859 zeigt, dass in Barcelona die durchschnittliche Anzahl der Personen pro Zimmer in jenem Jahr 3,7 betrug. Im Jahre 1859 wurde der Stadt von den Behörden in Madrid die Erlaubnis zum Abbruch der Stadtmauern erteilt, wodurch es möglich wurde, den inzwischen aufgestellten Plan Cerdá zu realisieren. Der Plan erstreckte sich bis zu den nahe gelegenen Dörfern und ist im Großen und Ganzen auf einem Raster von rechtwinklig zueinander verlaufenden Straßen aufgebaut. Es sind einerseits Straßen, die sich parallel zum Küstenverlauf erstrecken, andererseits Straßen, die rechtwinklig dazu verlaufen, so dass dazwischen quadratische Bauflächen entstehen. Dieses so entstandene Raster wird von zwei Diagonalen durchschnitten. Im orthogonalen Straßenraster werden die Kreuzungsbereiche erweitert, und es entstehen so an jeder Kreuzung achteckige Plätze. Auf jeder Blockfläche werden meistens nur zwei gegenüberliegende Seiten bebaut. Diese Gebäude haben dann eine Tiefe von 20-24 m. Verschiedene Blockflächen oder Gruppen dieser orthogonalen Flächen bleiben unbebaut und enthalten Parkanlagen, andere wiederum sind bestimmt für Märkte, Schulen, Kirchen und weitere öffentliche Gebäude. So weit wie möglich weg vom Zentrum sind einige Krankenhäuser sowie ein Friedhof und ein großer Park angeordnet.

Das Grundmaß des Planes umfasst drei Blockflächen auf einer Länge von 400 m, so dass jeder Block – bei einer minimalen Straßenbreite von 20 m – 113,33 m lange Fronten hat. Die Straßen sind fast alle Nordwest/Südost oder Nordost/Südwest orientiert, die den Straßen folgenden Gebäude somit ebenfalls. Die alte Straße zum Dorf Gracia wurde beibehalten. Sie wurde schon im Jahre 1829 zu einem Boulevard verbreitert und mit Bäumen begrünt. Es ist der heutige Paseo de Gracia, der Boulevard mit den meisten *Allüren*. Im Laufe der Zeit wurde der Plan Cerdá immer stärker verändert, besonders durch die Aktivitäten der Grundstücksspekulanten, mit

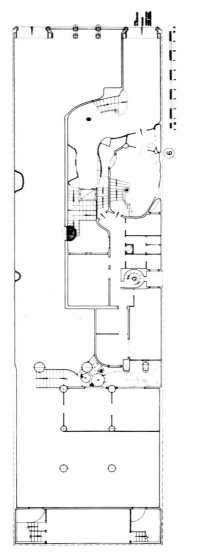 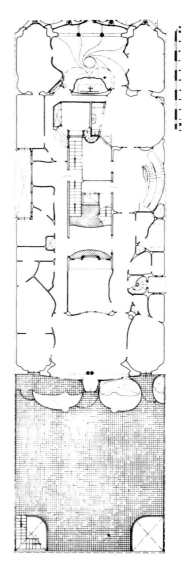

Abb. 123 Grundriss des Erdgeschosses. (Quelle: Bonet Garí)

Abb. 124 Grundriss des ersten Geschosses, die Wohnung der Familie Batlló. (Quelle: Bonet)

dem Ergebnis, dass fast alle geplanten Parks verschwunden sind, die vorgesehene Breite von diversen Straßen kleiner wurde, die ursprünglich freigelassenen Blockseiten voll bebaut, und die Gebäude schließlich zwei oder drei Geschosse höher ausgeführt sind (das gesamte Bauvolumen ist nun viermal so groß wie ursprünglich vorgesehen). Dieses hat zur Folge gehabt, dass in Teilgebieten des Erweiterungsplanes eine Dichte von 1000 Einwohnern pro Hektar erreicht wurde. Im ursprünglichen Plan wurden die Blöcke als Einheiten gesehen, jeder mit seinen besonderen Eigenschaften, Formen und Nutzungen. Einige Blöcke wiederum bildeten eine größere Einheit und waren zudem mit Funktionen ausgestattet, die diesen Bezirk versorgten. Von der ausgewogenen Verteilung der Funktionen über das Gebiet (z. B. eine bestimmte Anzahl an Schulen, Kirchen oder Märkten) ist wenig übrig geblieben. Die Blöcke wurden dicht bebaut, die Innenbereiche mussten die Expansion von Läden und Betrieben aufnehmen oder es entstanden kleine *pasajes*. Pasajes sind frühe Beispiele dieses Prozesses der Verdichtung. Sie sind Bauformen von fragwürdiger Qualität oder bestenfalls Wohnungen mit Vorgärten, die an halböffentlichen Gassen liegen, die wiederum auf die Straßen münden. Dieses und vieles andere ging auf Kosten der Innenbereiche der Blöcke und hatte eine enorme Verdichtung zur Folge.

Die Parzellen des Planes Cerdá wurden an Unternehmer vergeben, die dann Apartmenthäuser darauf bauen ließen und in der Regel auch dort einzogen. Diese Gebäude sind meist folgendermaßen aufgebaut: im Erdgeschoß liegt der Haupteingang zu den Wohnungen, außerdem Läden, Werkstätten oder dergleichen. Das Haus besitzt einen zentralen Lichtschacht, in dem die Treppen zu den einzelnen Wohnungen verlaufen. Außerdem haben die Häuser anstelle der Brandmauer einen Lüftungsschacht, über den Toiletten, Badezimmer, Flure und Schlafräume belüftet werden. Die Wohnungen sind um den zentralen Lichtschacht gruppiert.

Das erste Geschoss (*planta noble*) umfasste die Wohnung des Hausbesitzers, der hier in ausreichendem Abstand vom Straßengeschehen aus den Erkern des Salons darauf hinunterblicken konnte. Das erste Geschoss ist häufig über eine gesonderte Treppe erreichbar, wodurch der Eingang von dem der anderen Wohnungen, die wiederum an Dritte vermietet werden, getrennt ist. Der Grundriss des ersten Geschosses zeigt häufig eine Symmetrie.

An der Vorder- und Rückfassade liegen die großen Räume; zu beiden Seiten des Lichthofes verläuft ein langer Gang, über den man zu den übrigen Zimmern gelangt. Auf diese Weise ist eine Art flexibles Nutzungssystem entstanden: Die größeren Räume können ihre Funktionen (Wohnraum, Esszimmer) austauschen, z. B. je nach Jahreszeit können im Sommer die kühlsten Räume am häufigsten genutzt werden, während im Winter gerade die Zimmer mit der günstigsten Besonnung vorzuziehen sind. Die Geschosse darüber sind in zwei Wohnungen eingeteilt und zwar so, dass jede Wohnung sowohl Räume nach vorn wie nach hinten besitzt. Sie sind wiederum angeschlossen an einen langen Gang, an dem andere Räume liegen.

Wenn man nun die Grundrisse von Casa Batlló betrachtet (*vgl. Abb. 123-126*), so erkennt man, dass der Aufbau im Prinzip derselbe ist, wie er zu jener Zeit in Barcelona gebräuchlich war. Doch wenn auch diese Grundstruk-

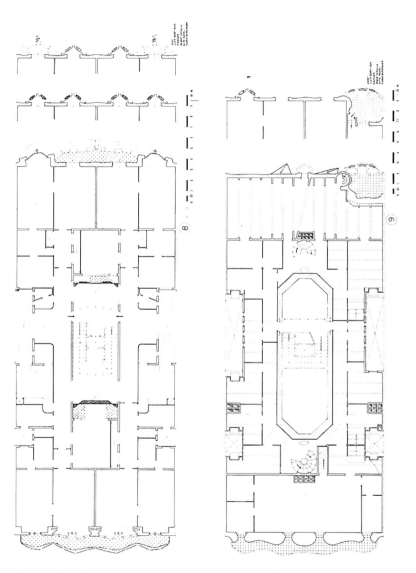

Abb. 125 Grundriss einer Standard-Wohnetage (zur Vermietung) (Quelle: Bonet Garí)

Abb. 126 Grundriss des sechsten Geschosses, Nebenräume (Quelle: Bonet Garí)

tur von Gaudí übernommen wurde, so sind doch, abgesehen von der sehr ausgefallenen Formensprache, die sich am damaligen katalanischen *Modernisme* anlehnt, allerlei Nachteile und Probleme in dieser Gebäudestruktur aufgedeckt worden. In dieser Hinsicht sind Gaudís Eingriffe eigentlich Verbesserungen, die auf eine bessere Nutzbarkeit des Hauses ausgerichtet sind.

Als erstes wurde die Vorderfassade durch eine Anzahl von Erkern ergänzt. Auch die Fassade selbst wurde sehr stark verändert. Der Fassade bekam eine wellige Form und wurde dazu mit farbigen eingelegten Scherben verziert. An die linke Seite kam ein kleiner Turm, der mit einem zwiebelförmigen Dach bekrönt wurde, auf dem ein vierarmiges Kreuz aufgesetzt wurde. Im Erdgeschoss tragen fünf steinerne Bögen den Erker (vgl. Abb. 122).

Im ersten Geschoss befindet sich ein großer Erker, der zu beiden Seiten von je einem kleinen eingefasst ist. Im folgenden zweiten Obergeschoss sind über den kleinen Erkern des darunter liegenden Geschosses wiederum jeweils zwei Erker angeordnet. Die übrigen Fassadenöffnungen sind meist dieselben geblieben, sie wurden nur durch Balkone ergänzt, die mit denen des etwas früheren Casa Calvet (1898 - 1900) fast identisch sind.

Die Fassade des ersten Geschosses ist vollständig durch die drei Erker gegliedert. Man findet hier dieselbe Öffnung zum Außenraum wieder, die für die spanischen Erker bezeichnend ist (siehe auch Kapitel *Die Erker des Palacio Güell*). Jedoch ähnelt dieser Erker ansonsten in keiner Weise den bis dahin gebauten Beispielen. Er stellt die Weiterführung des Raumes über die Fassadenfläche hinaus dar. Man hat hier das Gefühl, sich auf der Straße zu befinden, gleichzeitig jedoch in sicherem Abstand vom Straßengeschehen.

Im Bereich des Erkers ist die Außenwand durch nur zwei Innenstützen und vier verstärkte Mauerabschnitte ersetzt, welche die Lasten an die steinernen Bögen des Erdgeschosses weiterleiten (vgl. *Grundriss Abb. 123 u. 124*). Dadurch wird die Fassade in fünf Abschnitte eingeteilt, die ungefähr mit den ursprünglichen Fensteröffnungen aus den oberen Etagen korrespondieren. Die Erker des ersten Geschosses brauchen die Außenmauern nicht zu tragen, es sind hinzugefügte Elemente. Vor den Innenstützen befindet sich ein Rahmen, der acht Schiebefenster fasst. Vor diesem Rahmen stehen wiederum vier kleine Säulen, die das Dach des Erkers tragen. Sie übertragen ihre Kräfte über die Bodenplatte des ersten

Abb. 127 Die Schiebefenster in einem der seitlichen Erker auf der Hauptwohnetage in geöffnetem Zustand

Geschosses auf die darunter liegenden steinernen Bögen.

Im Prinzip gibt es drei Fassadenebenen: Die Ebene der Innenstützen, die wellig verlaufende Glasfläche und die Ebene der Außenstützen. Die Glasfläche kann vollständig geöffnet werden. Die Schiebefenster lassen sich unabhängig voneinander bewegen, da der Rahmen keine vorspringenden Pfosten besitzt. Das bedeutet, dass der Erker in geöffnetem Zustand über die volle Breite offen ist. Die Konstruktion ist folgendermaßen aufgebaut (vgl. Abb. 129): Über der Mitte des Rahmens verläuft ein Kämpfer, der aus drei aneinander geschweißten Platten besteht, die zusammen ein Z-Profil formen. Dieses Profil ist an seiner Innenkanten mit einem Holzprofil ausgefüttert. Der Kämpfer ist an beiden Seiten in der Mauer verankert und an kleinen eisernen L-Profilen aufgehängt, die wiederum in der Decke befestigt sind. Von innen aus gesehen befindet sich vor jedem L-Profil ein Bügel, der mit seinen Enden in der Decke befestigt ist. Diese Bügel verlaufen an der Innenseite hinter dem Kämpfer entlang und ragen darunter ungefähr 50 cm hervor. Hinter dem Kämpfer und dem Bleiglasfenster, das zwischen den kleinen L-Profilen angebracht ist, können die Schiebefenster entlang der Bügel über kleine Ösen, die an den Rahmen angebracht sind, auf und ab bewegt werden (an jeder Seite des Fensterrahmens befinden sich zwei dieser Ösen). Jedes Schiebefenster hängt mit Hilfe eines Stahlseiles, das über einen Flaschenzug läuft, an seinem Gegengewicht, so dass es in jeder gewünschten Stellung stehen bleiben kann. Die Gegengewichte sind zu beiden Seiten des Fensters unsichtbar in kleinen Nischen eingebaut.

Abb. 128 Der Mittelbereich des Erkers zur Straßenfront im ersten Obergeschoss

Im Horizontalschnitt eines jeden Fensters erkennt man an einer Seite im Profil eine halbkreisförmige Einbuchtung, der an der gegenüberliegenden Seite eine weitere Ausbuchtung entspricht, so dass die Schiebefenster ineinander greifen. Sie haben an der Unterkante einen doppelten Falz und liegen mittels eines Gummistreifens auf dem darunter liegenden Rahmen. Auf diese Weise ist eine Fensterkonstruktion entwickelt worden, die es möglich macht, alle Fenster aufzuschieben ohne dass Fensterpfosten nötig sind um das Ganze auszusteifen.

Die Konstruktion ist rechtwinklig zur Fensterfläche sehr steif, da im Horizontalschnitt die gesamte Fensterebene in Wellenform verläuft.

Gaudí setzte auf das bestehende Gebäude ein völlig neues Geschoss. Dieses sechste Geschoss beherbergt Versorgungs- und Abstellkammern (vgl. Grundriss Abb. 125 u. 126). Die Räume sind wiederum entlang eines Gangs gruppiert, der rund um den ganzen Innenhof verläuft. Die sechste Etage setzt sich aus gemauerten parabolischen Rippen zusammen, die das Dach tragen. Letzteres besteht aus ge-

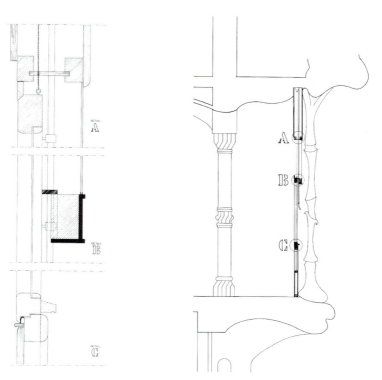

Abb. 129 Vertikaler Schnitt durch den Erker. Schnitt und Detail C zeigen das Fenster im geschlossenen Zustand. Die Details A und B stellen die Situation bei geöffnetem Fenster dar.

mauerten Steinen. Die Rippen findet man in gleicher Ausführung an der Vorderfassade wieder, wo sie den *Drachenrücken* formen. Über den Bögen ist in zwei Reihen aus flachen Steinen, die mit glasierten Kacheln verkleidet sind, und die wie Schuppen übereinander liegen, eine Haut gezogen. Das Dach selbst wird einerseits besonders durch den *Drachenrücken*, andererseits aber auch durch die seltsam geformten Schornsteine gekennzeichnet (*vgl. Abb. 131*) und als solches hiermit besonders hervorgehoben. Hierbei wird abermals deutlich, wie viel Aufmerksamkeit konstruktiven und funktionellen Aspekten geschenkt wird, wie auch sonst überall im Werk Gaudís. In der Casa Batlló sind es obendrein bauliche Probleme wie Belichtung und Belüftung, die besonders berücksichtigt werden.

Belichtung

Das Erste, was in diesem Hause auffällt, ist der Lichtschacht mit dem zentralen Treppenhaus, das in diesem Falle nicht wie in so vielen Gebäuden ein trüber, dunkler und wenig ansprechender Raum ist, sondern gerade zu einem der wichtigsten Elemente des Hauses entwickelt wurde. Wir wollen nun versuchen, eine Lösung der wichtigsten Probleme aufzuzeigen die bei allen Lichtschächten eine Rolle spielen:

1. Wie sorgt man dafür, dass über den Lichtschacht genug Licht in die Wohnungen kommt?

2. Welche Maßnahmen müssen ergriffen werden, damit man in den oberen Bereichen des Lichtschachtes nicht durch die große einfallende Lichtmenge geblendet wird?
Antworten zu diesen Fragen:

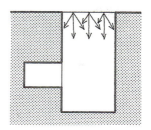

- Das gläserne Dach über dem Lichtschacht besitzt eine helle Oberfläche, von dieser Oberfläche aus fallen die Lichtstrahlen in den Schacht.

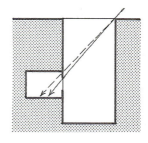

- Das direkt einfallende Licht kann nur unter einem kleinen Winkel auf das Fenster fallen und dringt dadurch nicht weiter in die Wohnung ein.

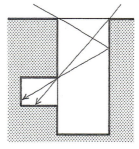

- Indem man die Fenster höher setzt, kann das Licht tiefer in den Raum dringen.

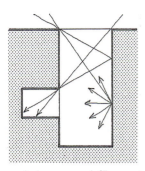

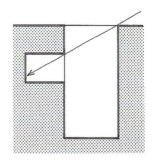

- Indem man dafür sorgt, dass die Wände des Schachtes Licht reflektieren können, leitet man das Licht tiefer in die Wohnungen. Wenn man die Wände so ausbildet, dass sie Licht diffus streuen, kann eine noch größere Helligkeit erreicht werden. Dadurch ergeben sich wiederum bestimmte Anforderungen an Farbe und Oberfläche der Wand.

- Die Strahlung direkt einfallenden Lichtes kann man kaum beeinflussen, wenn man nicht verhindern möchte, dass unten noch genug Licht einfällt. Denkbar ist natürlich Sonnenschutzglas in den Fenstern der Wohnungen.

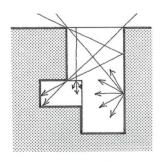

- Wenn man den Schacht sich nach unten hin verengen lässt, besteht die Möglichkeit, horizontale Glasbänder anzuordnen. Je breiter die Bänder sind, desto mehr Licht kann nach innen gelangen. Es kann nun das Problem auftreten, dass zu viel Licht in die Wohnungen einfällt, evtl. so viel, dass man geblendet wird.

- Wenn man dafür sorgt, dass das einfallende Licht unter einem kleinen Winkel spiegelnd reflektiert wird, jedoch unter einem großen Winkel einfallendes Licht diffus verstreut wird, dann ist Blendung durch spiegelnde Reflexion aufgehoben. Wenn man zudem eine Farbe wählt, die wenig Helligkeit abstrahlt und somit viel Licht absorbiert, wird das Blenden durch eine zu grell angestrahlte Oberfläche (also Blenden durch diffus verstreutes Licht) ebenfalls aufgehoben.

Casa Batlló (1892-1944) Albert Welfing

Diese Faktoren mussten wir nochmals ausführlich behandeln, um die Probleme begreiflich zu machen, auf die Gaudí eine Antwort gab, und um zu verstehen, welche Mittel ihm zur Verfügung standen, um diese Zielstellung zu erreichen. Wenn man sich den Längs- und Querschnitt von Casa Batlló ansieht, so erkennt man, dass alle oben genannten Faktoren in diesem Entwurf beachtet worden sind.

Der Lichtschacht hat über die volle Schachtlänge ein gläsernes Dach, das durch dünne Stahlstreben getragen wird und mit schmalen Stahlprofilen unterteilt ist. Durch die Wahl von Stahl als Material für die Tragstruktur wird die Konstruktion einerseits sehr leicht, andererseits wird dadurch ein Minimum an Licht verschenkt. Außerdem ist der Firstbalken, der die Streben verbindet, so breit ausgebildet, dass man darauf laufen kann. Die Oberfläche besitzt somit eine größtmögliche Lichtdurchlässigkeit.

Die Fenster sind hoch, oben schmal und nach unten hin stets breiter ausgebildet.

Der Schacht ist mit glasierten Kacheln verkleidet (*vgl. Abb. 133 u. 134*). Unten sind diese Kacheln weiß, je weiter man nach oben kommt, desto mehr kommen dunkle Kachelanteile vor. Die Glasur der Kacheln ist für die Frage der Belichtung von großer Bedeutung:

Die Kacheln haben eine besondere Eigenschaft: Rechtwinklig auf sie einfallendes Licht dringt durch die Glasurschicht und wird durch die Farbschicht zum Teil absorbiert, zum Teil diffus gestreut, wobei das Verhältnis zwischen

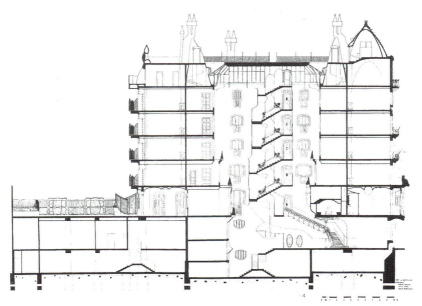

Abb. 134 Casa Batlló. Längsschnitt. (Quelle: Bonet Garí). Links die zurückspringenden Räume mit den Oberlichtern und rechts das Treppenhaus..

absorbiertem und gestreutem Licht von der Farbe abhängig ist. Je dunkler die Farbe, desto größer die Absorption. Allerdings dringt unter kleinem Winkel einfallendes Licht nicht durch die Glasurschicht hindurch, sondern wird durch die Glasur spiegelnd reflektiert. Das bedeutet, dass für den Grad der Reflektion die Farbe der Kachel nicht wichtig ist. Indem überall glasierte Kacheln benutzt werden, kann das unter kleinem Winkel einfallende Licht immer reflektiert werden und somit tief in den Schacht eindringen. Wenn man weiße Kacheln benutzt, ist die Menge an absorbiertem Licht so gering wie möglich, die Menge diffus verstreuten Lichtes größtmöglich. In den oberen Geschossen dagegen musste man das Problem lösen, Blendung durch die zu helle Oberfläche zu verhindern (infolge des Überschusses an diffus verstreutem Licht). Aus diesem Grunde ist die Farbe der Kacheln dunkelblau. Die Gefahr der Blendung verringert sich nach unten hin, die Anzahl blauer Kacheln zwischen den weißen nimmt nach unten hin ebenfalls ab. Rechtwinklig auf die Kacheln fallendes Licht wird nie reflektiert, sondern diffus gestreut. Aus diesem Grunde besteht im oberen Bereich des Schachtes auch keine Gefahr, durch reflektiertes Licht geblendet zu werden. Auf den Fotos vom Lichtschacht kann man sehen, dass durch diese Faktoren der Schacht gleichmäßig belichtet ist. Wenn man von unten nach oben in den Lichtschacht schaut, so bemerkt man, dass sich die Farbe der Kacheln nach oben hin verändert. Es bleibt nun noch die Frage, ob die Kacheln, die eine reliefartige Oberfläche haben und in einem gleichmäßigen Muster an den Schachtwänden angeordnet sind, etwas mit dem Belichtungsproblem zu tun haben oder vielleicht eher aus akus-

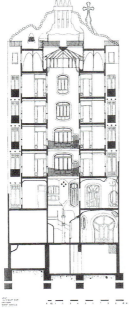

Abb. 136 Casa Batlló. Querschnitt (Quelle: Bonet Garí)

Abb. 137 Lichtschacht: Der Binder im Glasdach

tischen Gründen dort zu finden sind. Wir wissen es nicht.

Die Wohnungen des ersten und zweiten Geschosses, die sich an der schmalen Seite des Lichtschachtes befinden, haben außerdem noch ein horizontales Fenster, an Stellen wo sich der Schacht nach unten hin verjüngt. Schließlich besitzen die untersten Geschosse noch ein besonderes Element, um Licht aus dem Schacht in die Wohnungen zu leiten. Schräg gestellte, weiß gestrichene Platten sind vor den vertikalen Fenstern angeordnet, wie auf dem Längsschnitt zu erkennen ist. An diesen Platten wird das einfallende Licht in den Raum reflektiert. Die Platten sind leicht sauber zu halten (was für die Nutzung natürlich notwendig ist), weil sie völlig getrennt von den Fenstern angebracht sind.

Abb. 139 Kleiner Rundgang über der Straßenfassade, am Kranzgesims des Gebäudes.

Casa Batlló (1892-1944) Albert Welfing

Abb. 140 Casa Batlló: Ansicht von der Hofseite

Lüftung

Der Lichtschacht wird oben mit einen Glasdach abgeschlossen, das von fünf Stahlprofilen getragen wird (vgl. Abb. 135 u. 137). Es handelt sich um zweifach gebogene I-Profile aus Stahl, die mittels des Firstbalkens miteinander verbunden sind. Rechtwinklig zu diesen Profilen verlaufen außerdem zwei zweifach gebogene I-Profile, welche die Enden des Firstbalkens tragen, so dass das System in Längsrichtung stabil ist. Die I-Profile geben ihre vertikalen Kräfte an die Schachtwände ab, die horizontalen an die oberste Decke. Der Firstbalken ist an seiner Oberseite so breit ausgebildet, dass er begehbar ist. So kann man das Glas vom Firstbalken aus reinigen, was sehr wichtig ist, wenn man bedenkt, wie viel Überlegungen es gekostet hat, mit der Lichtführung in so intelligenter Form zu arbeiten. Das Regenwasser läuft vom Glasdach und der Wand des obersten Geschosses in eine Rinne, die rund um das ganze Dach verläuft. Über diese Rinne fließt es zu den Schachtecken in ein Gefäß und wird über ein Regenrohr durch den Schacht nach unten abgeführt.

Die schmalen Seiten des Daches sind nicht ganz abgeschlossen. Dadurch ist eine permanente Durchlüftung möglich. Die Lüftungsmöglichkeit ist natürlich für das Belüften des Lichtschachtes selbst vonnöten, schon aufgrund der Tatsache, dass eine Reihe von Zimmern nur zum Lichtschacht hin Fenster haben. So ist es möglich, diese Zimmer über die Fenster zu belüften. Dafür braucht man die Fenster selbst nicht zu öffnen. In der Brüstung befinden sich drei Lamellen, die um ihre vertikale Achse verstellbar sind. Die Konstruktion des sechsten Geschosses besteht, wie wir bereits gesehen haben, aus parabolisch geformten Rippen. Der Gang entlang dem Lichthof wird durch Öffnungen belüftet, die zwischen schräg gestellten, mit Abstand zueinander überlappenden Scheiben zwischen den Bogenrippen entstehen. So kann die Außenluft ungehindert nach innen dringen, das Sonnenlicht hingegen ausgeblendet werden (vgl. Abb. 139). Schließlich sieht man auf der Dachterrasse des Hinterhauses große Lichtkuppeln. Sie sind in ihrer Konstruktion besonders raffiniert. Die darunter liegenden Wohnungen erhalten Licht und Luft über diese Kuppeln, ohne dass es möglich ist, aus dem Keller auf die Terrasse zu schauen oder umgekehrt.

Casa Milá (1906-1910) Roel van der Heide

Allgemeines

Der Abgeordnete Pedro Milà Camps hatte seinem Freund José Batlló empfohlen, sein Haus am Paseo de Gracia von Gaudí umbauen zu lassen. Kurz darauf beauftragte Milá seinerseits Gaudí mit der Planung eines modernen Wohn- und Geschäftshauses an derselben Promenade. Auch seine Frau, Doña Rosario Ségimón, die Eigentümerin des Gebäudes, wollte ihn als Architekten engagieren. Sie stammte, wie auch Gaudí, aus Reus und konnte sich noch an seine bescheidene Herkunft erinnern.

Die Casa Milá liegt an der Nordseite der Kreuzung Paseo de Gracia/ Calle de Provenza. Es gliedert sich in zwei Gebäudeteile mit jeweils einem Innenhof, die zur Straße hin mit einer durchlaufenden Fassade vereinheitlicht sind. Deren Ecke ist , dem Cerdá-Plan folgend, abgeschrägt und verläuft diagonal zum orthogonalen Straßenraster. Von den zwei Eingängen liegt der eine an der abgefasten Ecke des Paseo de Gracia, der andere an der Calle de Provenza. Diese Eingänge führen zu den beiden Innenhöfen, die jeweils verschieden groß und ihrerseits durch einen Durchgang im Gebäude miteinander verbunden sind. Die Rückfassade ist aufgrund der Ecklage des Gebäudes deutlich kürzer als die Straßenfassade und weist in der Ecke eine

Wölbung nach innen auf, die erlaubt, das Eckzimmer zu belichten. Die Organisation der Funktionen entspricht der damals gebräuchlichen Gebäudekonfiguration (siehe auch Casa Batlló). Im Souterrain befinden sich die gewerblichen Räume und Bedienstetenzimmer, in der Beletage einige Mietwohnungen, in der ersten Etage die ehemaligen Räume der Familie Milá-Segimón und in den vier darüber liegenden ebenfalls Mietwohnungen. Unter dem Dachboden befindet sich ein damals gebräuchlicher Trockenboden, der gleichzeitig als durchlüfteter Puffer gegen die sommerliche Hitze schützt. Das Halbsouterrain und die Beletage waren im Laufe der Zeit mit verschiedenen Geschäfts- und Büroräumen belegt. Im Keller befanden sich außer dem Heizungsraum und Personalräumen noch Pferdeboxen und Abstellräume für die Bewohner. Man konnte über eine mäandrierende Rampe mit Pferd und Automobil nach unten gelangen. Ähnliches hatte Gaudí schon vorher im Palacio Güell ausgeführt, doch war der Keller dort nur für Pferde, nicht für Autos zugänglich. Ein Teil der Ställe in der Casa Milá wird jetzt nur noch als Stellfläche für Autos genutzt.

Abb. 142   Casa Milá. Hauptansicht

Die Pläne

Es gibt verschiedene Entwurfs- und Dokumentationszeichnungen zur Casa Milá:

• einen Vorentwurf, Maßstab 1:200, ohne Ansichtszeichnungen, aus dem Archiv des César Martinell;

• den offiziellen Plansatz, der von der Stadt Barcelona genehmigt wurde, mit Grundrissen, einem Schnitt und einer Ansicht, alle im Maßstab 1:100; diese stammen aus dem Stadtarchiv von Barcelona;

• Grundrisse der Deckenkonstruktion der verschiedenen Etagen, angefertigt von S. Tarragó;

• Zeichnungen des Gebäudes, wie es endgültig ausgeführt wurde: Grundrisse, Querschnitt und eine Ansicht, die im Jahre 1956 von Martinell anlässlich einer Gaudí-Ausstellung angefertigt wurden;

• Grundriss des Dachbodens, der für den Umbau von Barba Corsini angefertigt wurde.

Mit Hilfe dieser Zeichnungen kann man sich einen Eindruck von der Entwicklung des Projekts während der Planung verschaffen. Bereits an den ursprünglichen Entwürfen, vor allem am Vorentwurf, kann man das Konzept erkennen, das der Casa Milá zugrunde liegt. Um Nutzungsänderungen zu erleichtern, entschied man sich an Stelle von tragenden Wänden für ein Stützensystem, was im Wohnbau zu jener Zeit eine Neuerung darstellte. Davor hatte Gaudí schon einmal Stützen in der Warenhausabteilung der Casa Fernández y Andrés in León (*los Botines*, 1891-1893) verwendet. Im Souter-

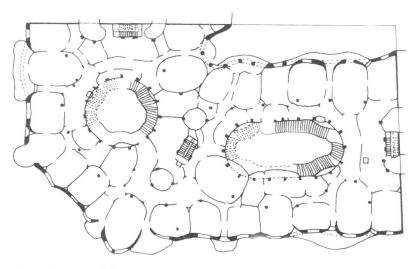

Abb. 143 Vorentwurf. Grundriss der zweiten Etage

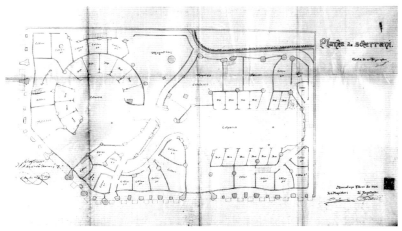

Abb. 144 Baueingabeplan, Februar 1906. Grundriss des Kellers

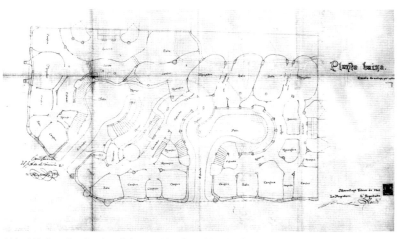

Abb. 145 Baueingabeplan, Februar 1906. Grundriss der Beletage und des Erdgeschoßes

rain und in der Beletage, in denen sich das Textilgeschäft von Fernández und Andrés befand, gestaltete er mit Hilfe von gusseisernen Stützen einen flexiblen Grundriss. Die darüber liegenden Wohnetagen hingegen weisen tragende Wände auf.

Macht man von der Freiheit, die solch ein Stützensystem bietet, Gebrauch, so kann man die einzelnen Etagen in ihrem räumlichen Aufbau jeweils unterscheidlich gestalten, eine Möglichkeit, die Gaudí bereits im Vorentwurf der Casa Milá nutzte. Die oberen Etagen werden dabei in drei bis fünf Wohnungen unterteilt. Einige Wohnungen erstrecken sich über zwei Etagen, wobei sich die Wohnräume manchmal an der Rückseite befinden. Beinahe alle Zimmerzuschnitte sind rund oder oval. Die Balkone sollten über einen Korridor zwischen den Zimmern direkt vom Flur aus zu erreichen sein, ohne diese betreten zu müssen. Diese Korridore sind in den Baueingabeplänen zu finden (*vgl. Abb. 144*). Auch die zahlreichen geschwungenen Wände sind so nicht realisiert worden. Die obersten Etagen waren in vier Wohnungen unterteilt, jeweils zwei in jedem Gebäudeteil.

In den Grundrissen des ausgeführten Bauwerks wurde von der freien Unterteilbarkeit ausgiebig Gebrauch gemacht. Hingegen sind beinahe alle Wände zwischen den Stützen gerade gemauert (*vgl. Abb. 149*). Freistehende Stützen, wie sie im Vorentwurf noch vorkommen, trifft man kaum an. Von den Treppen, die Gaudí ursprünglich in den Innenhöfen als Zugang für die Mietwohnungen vorgesehen hatte, wurde nur eine bis zur ersten Etage gebaut. Diese Treppen hätten an der Innenhofwand nacheinander jede halbe Drehung jeweils eine Etage überbrückt, so dass die Eingänge der Wohnungen in aufeinander folgenden Geschossen an verschiedenen Orten des Hofs gelegen hätten.

Der Raum unter den großen Podesten zwischen den Treppen wird teilweise als Wohnfläche genutzt, so dass die Wohnungen in den Innenhof hinein ragen. Um mehr Privatheit und bessere Durchlüftung zu erreichen, stehen die Treppen an einigen Stellen frei vor den Wänden. In allen Ebenen ist die Nutzung im Laufe der Zeit im Wesentlichen unverändert geblieben. Die Apartments der Casa Milá werden vor allem von wohlhabenden Bürgern bewohnt. In den Wohnetagen weist das Gebäude dieselbe Zonierung auf wie die Casa Batlló; Wohn- und Schlafräume an den beiden Straßenfassaden, die Erschließung (Treppen und Flure) in der Innenzone.

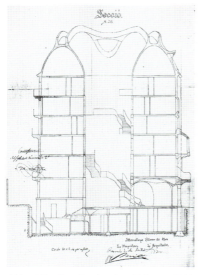

Abb. 146 Baueingabeplan, Februar 1906. Schnitt durch den Innenhof an der Calle de Provenza.

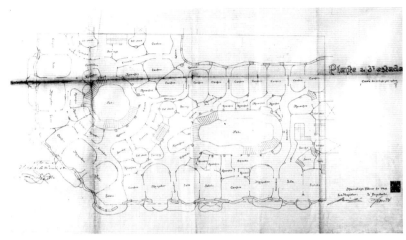

Abb. 147 Baueingabeplan, Februar 1906. Grundriss der dritten Etage

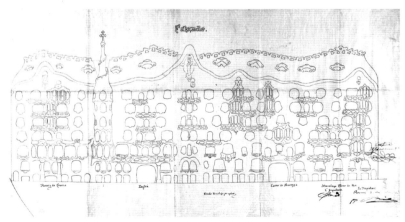

Abb. 148 Baueingabeplan, Februar 1906. Ansicht. Hier ist noch an den Fensteröffnungen und den Balkongeländern eine deutliche Verwandtschaft mit der ungefähr zeitgleich fertiggestellten Casa Batlló zu erkennen

Aufzüge, Bedienstetenzimmer, Küchen und Sanitärräume sind um sechs kleine Lichtschächte gruppiert. Zwei von den Schächten liegen zwischen den großen Innenhöfen, zwei an jeder Brandwand. Zwischen jedem Schachtpaar befindet sich eine Personaltreppe. Die Haupteingänge zu den Wohnungen sind über einen Aufzug von beiden Innenhöfen aus erreichbar.

Die Mietwohnungen in den vier oberen Etagen sind ca. 300-325 m² groß und haben drei Badezimmer, eine Toilette, ein Zimmer für den Dienstboten, drei Wohnräume und drei bis vier Schlafzimmer. Diese liegen an der Gebäuderückseite.

Um das Problem der Raumnutzung an der Innenecke eines L-förmigen Gebäudes zu lösen, sind die Wohnungstrennwände zwischen den senkrecht zueinander verlaufenden Brandwänden gefächert. Dank dieser Anordnung erhält jede Wohnung einige Zimmer an der Rückseite. Die Wohnungen, die am kleinen Innenhof zum Paseo de Gracia liegen, haben dort nur zwei Zimmer. Die Rückfassade weicht an der Ecke nach innen zurück, um hier ausreichende Fensteröffnungen zu schaffen. An der Straßenseite besitzen diese Wohnungen neben drei Wohnräumen noch ein oder zwei Schlafräume. Beide Wohnungen um den ovalen Hof an der Calle de Provenza haben rückwärtig jeweils drei Zimmer sowie vier Zimmer an der Straßenseite. Wegen der starken Teilung, die der Hof in beiden Fällen verursacht, und weil der Aufzug als zentrale Erschließung an einer Seite des Hofes liegt, wird ein Teil des Raumes um den Lichthof als Verkehrsfläche genutzt. Die Gänge verlaufen wie eine Zange um ihn herum, so dass beinahe jeder Raum über eine Art In-

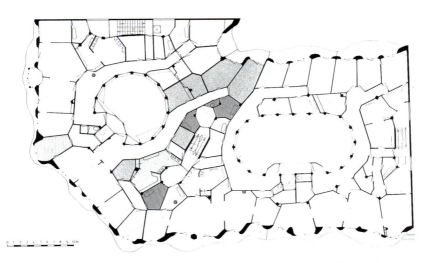

Abb. 149 Grundriss der fünften Etage. Der gerasterte Teil markiert eine Wohnung. Rasterung von hell nach dunkel: 1. Gang, 2. Wohnräume, Küche, 3. Schlafzimmer, Diverse, 4. Sanitärräume

Casa Milá (1906-1910) Roel van der Heide

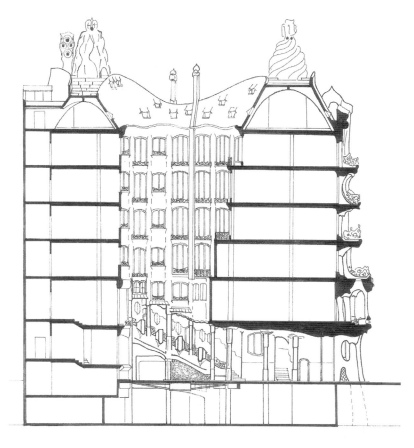

Abb. 150 Schnitt durch den kleinen Lichthof und den Eingang am Paseo de Gracia entlang einer geknickten Schnittebene

nenring zu erreichen ist, der direkt über den Hof belichtet wird.

In der ersten Etage wohnte die Eigentümerin des Gebäudes, Doña Rosario Milá. Ihr Apartment umfasste mehr als zwanzig überwiegend große Zimmer, eine Privatkapelle und einen Salon, in dem Soireen abgehalten wurden.

Die Stützen in der *Planta Noble*, wo sich die Wohnung der Familie Milá-Segimón befindet, wären sicherlich reicher dekoriert worden, wenn nicht Gaudí vorzeitig seinen Auftrag niedergelegt hätte. Die Arbeiten wurden von seinen Mitarbeitern fortgesetzt; doch als die Milás einen Vorschlag von einem der Assistenten Gaudís für die Dekoration sahen, lehnten sie ihn ab, da sie ihn zu wild fanden. Bei einem Umbau im Jahre 1966 wurden hinter dem später aufgezogenen Putz die ursprünglichen Reliefs freigelegt, die noch unter Gaudís Regie an zwei Stützen angebracht wurden.

Das erste Geschoss besitzt als Hauptwohnetage einen repräsentativen Eingang über eine besondere Treppe. An der Seite des Paseo de Gracia führt diese Treppe um den Ring des Innenhofes und verläuft in entgegengesetzter Richtung zu der nicht ausgeführten Treppe, die an den Mietwohnungen entlang gelegen hätte. Im ovalen Innenhof hat man die Treppe bis zur ersten Etage gebaut und sie so als zusätzlichen Zugang genutzt. An diesem Teil der Treppe kann man erkennen, was ursprünglich geplant war. Die Treppe wird an drei Punkten von den Stützen des Innenringes getragen und verläuft dabei frei vor der Wand. Die Stützkonstruktion aus Eisenprofilen ist in Höhe der Decke der ersten Etage und der Beletage an der tragenden Stütze befestigt.

Die Überdachung der Treppe ist in eher sparsamer Form aus eisernen Dachelementen gefertigt, die auf einer Konstruktion aus T-Profilen ruhen (*vgl. hierzu Abb. 154 bis 158*). Diese Profile gehen in Gefällerichtung schräg nach unten verlaufend in einer Art Fischgrätmuster von einer Mittelrippe, einem 18 cm hohen I-Balken, aus. Sie sind zusätzlich mit Hilfe von geschwungenen eisernen Streben unterstützt. Der

Abb. 151 Die Muster auf den sechseckigen Kacheln (es gibt nur einen Typ, diesen aber in verschiedenen Ausführungen) ergänzen sich über die Fugen hinweg zu einem Gesamtbild.

Firstbalken liegt auf zwei schrägen Streben der Stützkonstruktion auf (vgl. Abb. 156).

Die Deckenfelder zwischen dem kleinen Innenhof und der Personaltreppe an der Brandwand sind um ca. 50 cm tiefer gelegt, so dass die Empfangshalle, die über die große Haupttreppe erschlossen wird, höher ist als die anderen Räume. Zum Zweck einer besseren Aussicht zur Straße ist der Fußboden im Bereich oberhalb des Eingangs am Paseo de Gracia ebenfalls einige Dezimeter niedriger gelegt als die umgebende Geschossdecke, die ca. 5,5 m über dem Straßenniveau liegt (vgl. hierzu den Schnitt auf Abb. 150). Im Fußboden dieses Bereichs oberhalb des Haupteingangs sind an beiden Rändern Glaselemente in Stahl-I-Profilen eingelegt (vgl. Abb. 153).

Die gesamte erste Etage mit ihren wellenförmigen Stuckdecken, die in der *Planta Noble* am aufwendigsten gearbeitet sind, ist höher als die oberen Geschosse. Diese Stuckdecken, die in jedem Zimmer anders ausgeführt sind, ähneln einer von Wasser überspülten Sandfläche, ein Thema, das in den Fußbodenfliesen wieder auftaucht, die Gaudí für die Casa Milá entwarf (vgl. Abb. 151). Ähnliche sechseckige Fliesen, welche die Erde, das Meer und den Himmel symbolisieren, dienen nun auch als Straßenbelag auf den Bürgersteigen des Paseo de Gracia.

Auf Erdgeschossniveau wird das Gebäude durch die zwei Durchgänge zu den Höfen in drei Abschnitte geteilt. Hier ist wegen der diversen Treppen, Durchgänge, Rampen und Eingänge weniger Nutzfläche vorhanden. In der Beletage, die im Schnitt 1,90 m über Straßenniveau liegt, befinden sich drei Wohnungen, die gegenwärtig nicht mehr als solche genutzt werden. Diese Wohnungen haben sechs bzw. sieben Zimmer und sind jeweils vom Lichthof über eine Treppe zu erreichen. Die Räume liegen wie bei den anderen Etagen an der Straßen- oder Rückseite des Gebäudes, nur einige kleine Zimmer orientieren sich zum

Abb. 153 In der Decke des Podestes auf der ersten Etage über dem Eingang sind zwischen den auskragenden Deckenbalken Glasbausteine eingesetzt

Abb. 154 Im kleinen Innenhof führt die Treppe, in einer Windung um den Stützenring herum, zur ersten Etage

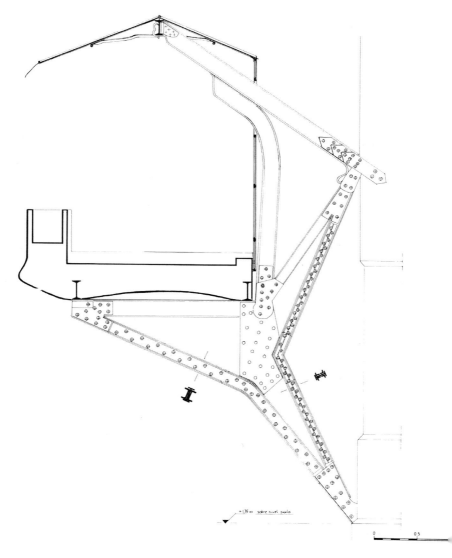

Abb. 156 Schnitt durch die Treppe im ovalen Innenhof mit Darstellung der Stützkonstruktion

ovalen Hof. An der Rückseite kann man über eine Außentreppe auf ein kleines Plateau gelangen, wobei jede Wohnung noch durch eine besondere Innentreppe mit den darunterliegenden Räumen im Halbsouterrain oder im Keller verbunden ist.

Vom Hof am Paseo de Gracia aus kann man über eine mäandrierende Rampe den Keller erreichen. Diese Einfahrt beginnt unter der Treppe zur ersten Etage und führt zu den Räumlichkeiten unterhalb der beiden Höfe. Wo sich früher unter dem kleinen Innenhof die Pferdeboxen befanden, parken nun Autos. Die beiden Höfe sind ebenfalls in Form einer Schlangenlinie durch einen unterirdischen Gang miteinander verbunden, wobei der niedrigste Punkt ungefähr in der Mitte der beiden Räume liegt. Dieses System geschwungener Rampen, das in vergleichbarer Form in heutigen Parkhäusern verwendet wird, hat stets die Fantasie der Bevölkerung Barcelonas angeregt. Man stellte sich während des Baus vor, dass jede Etage über eine geschwungene Zufahrt in den Höfen zu erreichen sei, um auf diese Weise unmittelbar bis vor die Wohnungstür vorfahren zu können. Doch so weit ist man nicht gegangen; man kann mit dem Wagen nur ein Geschoss bis zum Keller überwinden.

Im Keller waren außer den bereits erwähnten Pferdeboxen noch die Heizungsanlage, Abstellräume für die Bewohner und verschiedene Bedienstetenzimmer untergebracht. Im Fußboden der Höfe machte Gaudí, vor allem in den Randbereichen, ausgiebigen Gebrauch von Glasbausteinen, so dass das Tageslicht die darunter befindlichen Räume erreichen kann. Der Keller unter den Höfen ist ca. 3,50 m hoch. Die anderen Kellerräume sind niedriger, außer dem Heizungsraum, da sich dort zwischen der Beletage und dem Keller ein Halbsouterrain befindet.

In diesem Souterrain, wo der Fußboden nicht immer auf gleichem Niveau liegt, befanden sich früher vermutlich Personalwohnungen. Über das Souterrain hat man die Möglichkeit, die Personaltreppen und die Aufzüge an den Brandwänden zu erreichen, die bis zum Dachgeschoss führen. Die Bedienstetentreppe zwischen den

Abb. 157 Stützkonstruktion der Treppe

Abb. 158 Untersicht der Treppenüberdachung im Bereich ihrer Auflagerung auf der Stützkonstruktion

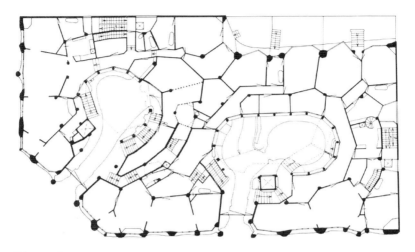

Abb. 159 Grundrisse der Beletage und des Erdgeschosses wie ausgeführt.

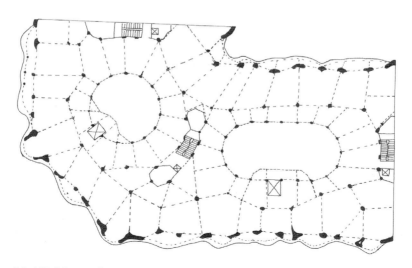

Abb. 160 Stützenstellung und Balkenlage in der dritten Etage

Höfen ist über eine Treppe vom Eingangstor am Paseo de Gracia zu erreichen. Vor dem Umbau führte diese Personaltreppe vom Tunnel zwischen den beiden Höfen bis zum Dachboden hinauf. Nun beginnt sie in der Beletage und endet im fünften Stock.

Die Tragstruktur der Casa Milá basiert wie beschrieben auf einem System von frei stehenden Stützen und einer Deckenkonstruktion aus Unterzügen und Deckenträgern aus Stahl, zwischen denen katalanische Gewölbe (*bovedillas*) aus Ziegelsteinen spannen. Die Stützen bestehen im Allgemeinen aus Ziegeln mit Portlandzementmörtel. Einige stark belastete Pfeiler wurden aus Quadersteinen gemauert. In den Fällen, in denen die Lasten klein sind, oder die Art der Ausführung keine große Bedeutung hat, wurde Stahl eingesetzt. An den Hofwänden z. B. ist gut zu erkennen, welche Etagen bedeutender sind als andere.

Pfeiler aus Quadersteinen finden sich bis zum zweiten Stockwerk, darüber sind die Stützen aus verputztem Ziegel oder Stahl. Die Außenstützen gehen sehr regelmäßig über die gesamte Gebäudehöhe durch, nur über den Durchgängen im Erdgeschoss und im Keller werden sie abgefangen.

Die Innenstützen stehen in einem Abstand von ungefähr 5 m in einer Reihe zwischen Hof und Außenwand. Sie bilden ein geometrisches Muster, das sich der Form und dem Standort der verschiedenen Gebäudeteile anpasst. Hiermit unterteilt man das Gebäude auch in konstruktiver Hinsicht in einzelne Stützfelder, wobei die meisten Deckenbalken kürzer als 7 m sind. Der Abstand zwischen der Außenwand und den Innenstützen beträgt 6-7 m, im Hofbereich 3-4 m, während zwischen den beiden Höfen und den Brandwänden unterschiedliche Situationen entstehen. Wurde die zu tragende Last zu groß, setzte man Zwillingsbalken ein.

Die Träger sind mit Hilfe einer stählernen Konsole an den Steinstützen befestig. Auf diesen wurden die Balken angenietet. Manchmal liegen fünf Balkenenden auf einer Stütze auf, doch sind es in den meisten Fällen nicht mehr als drei. Die Deckenträger sind mit Verbindungslaschen seitlich höhengleich an den Unterzügen befestigt, um die Gewölbe (*tabicada*) auch zwischen Deckenträger und Hauptträger mauern zu können. Dadurch verringert sich ferner die Konstruktionshöhe der Decke. Die Balkenlage und das Stützenraster sind nicht auf jeder Etage gleich. Einige Stützen an der Außenseite stehen infolge eines Stützenversatzes erkennbar schräg, wiederum andere stehen zwar vertikal, aber nicht übereinander.

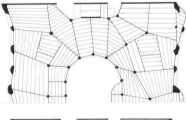
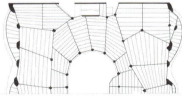

Abb. 161 Schema der Unterzugs- und Deckenträgerlagen in Deckenabschnitten der fünften Etage und des Dachbodens. Bei dem letzteren stehen die runden Treppentürme auf einer ungleichmäßigen, fünfeckigen Wechselbalkenkonstruktion, über die dann die Fußbodenkonstruktion gelegt ist

Die meisten Deckenfelder zwischen der Stahlbalkenlage haben die Form eines unregelmäßigen Vier- oder Fünfecks. Die Decken werden an den Brandwänden und den Höfen von einem durchlaufenden Stahlband, einem Ringanker, eingefasst. An der Gebäudeaußenseite folgt das Band der wellenförmigen Linie der Geschossdecke. Die Deckenkonstruktion kragt aus, so dass deren Verlauf nicht durch die Stützen bestimmt wird. Der Fußboden des kleinen Hofs wird von einer räumlichen Konstruktion besonderer Art getragen, die dem Speichenrad eines übergroßen Fahrrades ähnelt. An einem Zylinder von 0,50 m Höhe und 2,00 m Durchmesser sind an der Ober- und Unterseite 15 I-Profile angenietet, die auf der einen Seite auf einer halbrunden Stützenreihe auflagern, auf der anderen Seite auf diversen Stützen und Balken. Die unteren Speichen verlaufen dabei von der Mitte aus schräg nach oben, so dass ein umlaufendes Hängewerk entsteht, das einen Raum

Abb. 162 Der kleine Innenhof von oben gesehen. Jede Etage ist unterschiedlich gestaltet und es ist auffallend, wie sich die Fenster der Hallen um den Aufzug von den sehr traditionell ausgeführten Fenster der Gänge um den Hof unterscheiden. Sie scheinen den Funktionalismus der zwanziger Jahre vorwegzunehmen

von 11 m frei überspannt. Die äußerste Felge des Rades ist der halbrunde Ringbalken auf der Stützenreihe, an dem die umgebenden Deckenträger anschließen. Der Boden des ovalen Lichthofs, bei dem man großflächig Glasbausteine verarbeitet hat, wird von 9 m langen Stahlbalken getragen, die den Raum in Querrichtung überspannen. Zwischen diesen Hauptbalken spannen Ziegelgewölbe oder, wie im Bereich der Glasbausteine, Deckenträger.

Abb. 163 Die Decke des kleinen Innenhofes wird von einer Radspeichenkonstruktion getragen

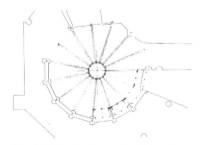

Abb. 164 Das Rad unter dem kleinen Innenhof auf den Grundriss des darunterliegenden Kellers gezeichnet

Das Dach

Die Dachkonstruktion der Casa Milá ist ein weiterer Schritt in der Entwicklung, welche die Bogenform in den Arbeiten Gaudís bis dato vollzogen hatte. Auf den Baueingabeplänen kann man erkennen, dass Gaudí das Gebäude mit einem durchlaufenden Tonnengewölbe in Parabelform überdecken wollte, das je nach Spannweite unterschiedliche Höhen aufwies. Diese Konstruktion hatte er schon in kleinerem Maßstab beim Drachenrücken auf dem Dach des Casa Batlló eingesetzt. In einer späteren Phase entschloss er sich, für das Dach der Casa Milá eine Folge von parabolischen Bögen zu verwenden mit stetig im gleichen Verhältnis sich ändernder Höhe und Spannweite.

Im eigentlichen Sinne handelt es sich um Scheiben mit trapezförmiger Außenkontur und einer bogenförmigen Aussparung entlang einer Kettenlinie. Diese ist für jeden Bogen proportional gleich. Dies bedeutet, dass die Scheibe mitsamt Bogenöffnung im gleichen Verhältnis größer wird wie die

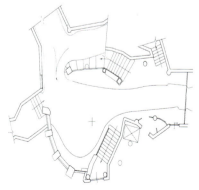

Abb. 165 Grundriss des kleinen Innenhofs

Stützweite. Die Bögen sind 5 cm dick aus stehenden Ziegeln (*tabicada*) gemauert. Die Bögen, die den Wassertank tragen, sind aus einem anderen Stein (*pitxolé*) und 10 cm dick. Die Breite der Bogenscheibe ist am Fußpunkt und am Scheitel nicht größer als 50 cm. Die Schübe der Bögen werden von einem Ringbalken im Deckentragwerk des Dachbodens aufgenommen, welcher als Zugband die Aufgabe hat, die Spreizkräfte zu übernehmen. Der Abstand der Bögen zueinander ist klein genug, um die Zwischenräume mit einer flachen Ziegelschale zu überdecken (*soleras*). Diese weist wegen der variierenden Höhen Stufenform auf. Die Stufen stimmen oft mit den Bogenscheiben überein. In den schrägen Seitenwänden sind zwischen den Bögen an verschiedenen Stellen Fenster und Türen angeordnet.

Diese Dachkonstruktion stellt die Weiterentwicklung eines Grundmusters dar, das sich sowohl bei den Pabellones Güell, als auch beim Cole-

Abb. 167 Der Dachboden

gio Teresiano und bei der Casa Batlló findet. Dort stehen die Bogensheiben, wenn auch nicht mit unterschiedlichen Höhen, so doch in einer Reihe parallel zueinander. Beim Dach der Casa Milá folgt diese Achse den gebogenen Formen der Fassaden und der Höfe und verläuft in schlangenförmiger Linie in der Mitte des Bereichs zwischen Brandwänden, Höfen und Lichtschächten. Die Bögen stehen nicht genau auf der Achse sowie nicht ganz rechtwinklig zu dieser, sondern sind derart angeordnet, dass die Stabilität der Konstruktion vergrößert wird und für einen einheitlichen Zwischenraum für Fensteröffnungen gesorgt ist. Die Bögen selbst befinden sich nicht immer in einer Ebene, sondern sind oft aus zwei halben Bögen zusammengesetzt, die sich im Scheitel in einem Winkel treffen. Zwischen den Bögen sind am First Aussteifungsrippen gemauert, die in einer gekrümmten Linie von einem Treppenturm zum anderen verlaufen. Vom Dachboden aus kann man über sechs Wendeltreppen das Dach erreichen. Die Schächte dieser Treppen dienen zusätzlich als Lüftungskanäle. Sie ruhen auf Balken, die über der Deckenkonstruktion des Dachbodens liegen. Sie stellen sich auf dem Dach als enorme spiralförmige oder andersartige geometrische Figuren dar, die von der Straße aus gesehen die Krone des Gebäudes formen. Das Dach selbst bietet mit den auf- und niederwogenden geschwungenen Terrassen, mit den verwundenen Schornsteinen, die mit ihren Helmen versteinerten Rittern ähneln, zusammen mit den genannten Lüftungstürmen einen faszinierenden Anblick. Die Lüftungstürme sowie einige Schornsteine sind mit weiß glasierten Tonscherben verkleidet. Mit ihren mehrfachen Brechungen

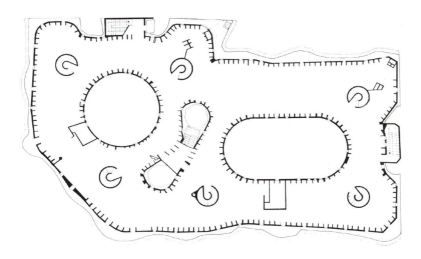

Abb. 168 Grundriss des Dachbodens vor dem Umbau. Entlang der Fassaden und rund um die Patios und Lichtschächte kann man die Ansätze der Bögen erkennen, die das Dach tragen und formen.

Abb. 169 Die Rückansicht der Casa Milá.

glänzen sie im Sonnenlicht. Die gebogenen Formen wurden im Maßstab 1 : 10 an Hand von Modellen aus Stahlbändern festgelegt.

Da viele Formen bei der Casa Milá schwerlich an Hand einer Zeichnung entwickelt werden konnten, wurde für die Bauausführung ein Modell des kompletten Dachgeschosses im Maßstab 1 : 25 hergestellt. Nach diesem Modell wurden die roh behauenen Steine der Außenwand gefertigt. Mit dieser Fassade hat sich Gaudí von den traditionellen Unterteilungen befreit. Er entwarf eine beinahe frei einzuteilende Fassade aus leicht wogenden, horizontalen Bändern, welche die Härte der nicht zu umgehenden Stockwerksunterteilung mildern. Dieses ist der Schlüssel für die Lösung des Problems, das ihn ständig beschäftigte: funktionelle Öffnungen in durchlaufenden Flächen zu schaffen, ohne in die willkürliche Unterteilung von tragenden und getragenen Elementen zu verfallen. Dabei stellt die Fassade mit ihren Balkonen und Auskragungen, analog zu den Erkern anderer Gebäude, eher einen Übergang als eine Abgrenzung dar. Die verschiedenen Wellenbewegungen an der Attika erzeugen ein Muster von Licht- und Schattenzonen, das sich konstant verändert. Die Balkone der ersten beiden Etagen liegen niedriger als der Fußboden, um eine bessere Sicht auf das Strassengeschehen zu ermöglichen.

Einige schreiben die Form der Fassade dem Interesse Gaudís an der katalanischen Landschaft mit ihren durch Wind und Wetter geformten Felsenformationen zu. Diesem Eindruck ver-

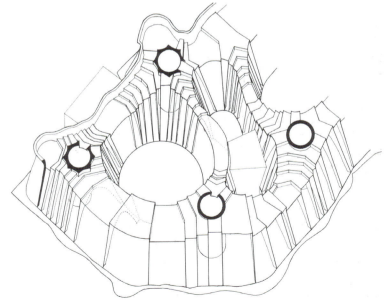

Abb. 170 Schematischer Aufbau der Dachkonstruktion

dankt die Casa Milá den Beinamen La Pedrera, "der Steinbruch". Andere bringen die Wellenbewegungen des Gebäudes mit dem Meer in Zusammenhang, da auch die Form der Eisenarbeiten an den Balkonen an Seetang erinnert.

Die Steine der Fassaden wurden mit einem speziellen Lastwagen in großen Blöcken aus Villafranca herbeigeschafft und erst nach Einbau endbearbeitet. Sie wurden zunächst grob vermauert und an ihrer Sichtfläche später, anhand des Modells und auf genaue Anweisungen Gaudís hin, weiter behauen. Um die genaue Geometrie für den Stein zu bestimmen, orientierte man sich am wellenförmigen Band, welches rings um die Deckenbalkenlage verläuft. Mit Hilfe von Stahlseilen, die an den Balken befestigt wurden, konnte man feststel-

Abb. 171 Der Dachboden nach dem Umbau. Zwischen den Innenhöfen ist das Stützfeld schmal. Die Bögen werden hier allmählich schmaler und niedriger. In dem hier dargestellten Teil wäre dadurch der Raum nicht hoch genug gewesen; deshalb haben die Bögen im Vordergrund die gleiche Höhe bei sich verändernder Bogenform.

len, wie weit der Stein beigearbeitet werden musste. Das Band fixiert auch die Fassade, die sich im Allgemeinen selbst trägt, in horizontaler Richtung. Die Rückfront ist in einfacherer Ausführung aus verputzten Ziegeln hergestellt; auch hier vollziehen die Balkone eine wellenförmige Bewegung über die gesamte Fassade hinweg.

Gaudí arbeitete bei diesem Projekt mit dem Architekten Bayó zusammen, der die Bauausführung leitete; ferner mit José Canaletta, der die Berechnungen für die Stahlkonstruktion durchführte und Domingo Sugrañes, der für die Bauleitung zuständig war. Der größte Teil der Schmiedearbeiten an den Balkonen entstammt den Händen von José Maria Jujol, während die Bildhauer Carlos Mani und Juan Matamala zusammen mit Juan Bertrán u. a. an den Formen der Fassade gearbeitet haben.

Als Gaudí seine Arbeit an der Casa Milá vorzeitig beendete, waren verschiedene Teile des Interieurs noch im Entstehen. Der Grund für diesen Schritt ist nicht eindeutig festzustellen; verschiedene Faktoren spielten dabei eine Rolle. Die Gemeinde hatte diverse Einwände. Das Bild der Jungfrau Maria, das oben auf dem Dach errichtet werden sollte, wurde vorsichtshalber von Don Pedro auf Grund der Ereignisse während der *Semana Trágica* (ein Ausbruch des Anti-Klerikalismus) aufgegeben; ferner wurden die Schornsteine, Balkongitter und Eingangshallen einfacher ausgeführt als ursprünglich geplant.

Die Casa Milá ist das letzte private Gebäude, das Gaudí ausgeführt hat. Es ist als solches ein Meilenstein in einer Entwicklung, die in der Sagrada Familia weitergeführt wurde, der Kirche, welche die letzten 16 Arbeitsjahre des außergewöhnlichen Baumeisters ausgefüllt hat.

Abb. 172 Viele Bögen sind aus zwei halben Bögen zusammengesetzt, die nicht in derselben Flucht liegen. Die Rippe am Bogenscheitel endet hier an einem der Treppenschächte.

Allgemeines

Gaudí interessierte sich zunehmend für gekrümmte Flächen und ihre Möglichkeiten. Er begann bei seinen Entwürfen für die Sagrada Familia und Santa Coloma de Cervelló mit Vorstudien auf diesem Gebiet. Er untersuchte verschiedene Steinsorten auf Gewicht und Festigkeit bzw. auf das Verhältnis beider Größen zueinander. Für seine großen Gewölbe benötigte er einen leichten Stein, der jedoch genügend Festigkeit besitzt. Dafür eignete sich hohler Ziegelstein.

Die kleine Schule wurde auf der Stelle gebaut, die eigentlich für die Frontfassade der Sagrada Familia geplant war. Die Schule hatte provisorischen Charakter, es war eine Art Notunterkunft. Aus diesem Grunde wurde möglichst große Sparsamkeit angestrebt, sowohl in Bezug auf die Verfügbarkeit der Baustoffe und ihrer Bearbeitung, als auch hinsichtlich bauphysikalischer Aspekte. Dieses kleine und einfache Gebäude ist sehr sorgfältig geplant und lässt alle Entwurfsprinzipien Gaudís erkennen.

Der Grundriss

Der zentrale Eingang liegt unter einem vorspringenden Teil des Dachs. Von diesem Eingang aus tritt man durch den mittleren Klassenraum hindurch, um die seitlich gelegenen Räume zu erreichen. Diese Klassenräume sind aber auch direkt von außen zugänglich, jeder durch einen eigenen Eingang, an dem auch eine Toilettengruppe liegt. Diese drei Eingänge machen den Eindruck, als wären sie an der Hauptform *angefügt*. Der mittlere Raum hat zusätzlich eine gesonderte Tür zum Spielplatz.

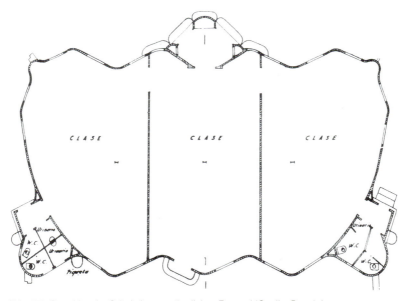

Abb. 175 Grundriss der Schule im ursprünglichen Zustand (Quelle: Bergós)

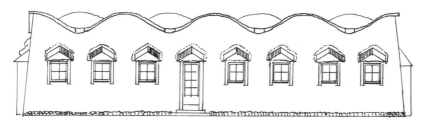

Abb. 176 Die Rückseite

Die Wände

Die Wände bestehen aus zwei Schalen vermörtelter hohler Ziegelsteine, die zusammen die Außenhaut bilden. Jede Schale ist nur 4 cm dick: eine Wand also, die ihre Festigkeit nicht durch ihre Dicke, sondern durch ihren geschwungenen Verlauf erhält. Das Mauerwerk der Außenwände ist im Halbsteinverband ausgeführt. Wegen der geringen Dicke der Mauern – und des Daches – war die Wärmedämmung vermutlich nicht immer ausreichend.

Die Öffnungen sind an den Rändern verstärkt, um mehr Festigkeit und geometrischen Spielraum für den Einbau der ebenen Fenster zu erhalten. Über jedem Fenster ist ein dreieckiger Sturz aus waagrechten Steinlagen gemauert. An seiner Oberkante sind die Ziegel 45° geneigt vermauert. Sie sind

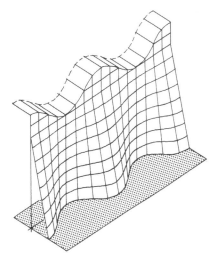

Abb. 178 Schema des Fassaden

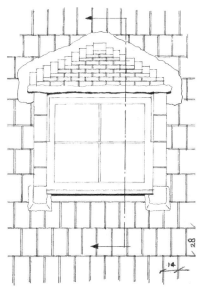

Abb. 177 Ansicht und Schnitt eines Fensters

besonders hart und Wasser abweisend und sorgen für die Entwässerung.

Das Dach

Das Dach wird von einem Rahmen getragen, der in Längsrichtung verläuft. Dieser Rahmen besteht aus einem I-Stahlprofil (Rahmenriegel), der durch drei Stahlsäulen sowie gemauerte Konsolen in den Stirnwänden getragen wird. Die Stützpunkte des Balkens stehen in regelmäßigen Abständen. Die ursprünglichen drei Stützen wurden nach der Zerstörung im Bürgerkrieg und der Restaurierung des Gebäudes auf zwei reduziert. Sie sind nunmehr in den Innenwänden verborgen.

Der Hauptbalken stützt die Nebenträger aus Holz in ihrem Mittelpunkt. Diese sind ungefähr 10 m lang und liegen in einem Achsabstand von 75 cm. Die Balken liegen in einem sich jeweils verändernden Winkel zur Horizontalen. So entstehen die sinusförmigen Dachränder. Die Außenwände und das Dach haben eine vergleichbare Form: So wie sich der Horizontalschnitt der Außenwand mit wechselner Höhe von geschwungener zu gerader Linie entwickelt, so verändert sich auch der Vertikalschnitt des Daches zwischen Rand und Mittelbalken von einer sinusförmigen Linie zu einer Geraden. Der Dachgrundriss ist rechteckig mit einem Seitenverhältnis von 1 : 2.

Die Form des Daches (siehe auch Bögen und gekrümmte Flächen) kann man mathematisch als Konoid bezeichnen. Seine Form ähnelt der des Schalendaches, aber sie funktioniert anders als eine armierte Beton- oder Holzschale, da Mauerwerk keine Zugkräfte aufnehmen kann.

Am Abschnitt der Außenmauer, an dem die Dachbalken direkt auf dieser aufgelegt sind, erkennt man die Konsolen über den Toilettengruppen. Der Dachrand verändert sich hier und weicht von der rechteckigen Form ab. Die Konsolen sind an dieser Stelle erforderlich, weil die Balken für die Überdeckung dieses hervortretenden Eckbereichs nicht lang genug waren. Die Balken sind inzwischen gegen Stahl-I-Profile ausgewechselt worden.

Diese Mauerbauweise wurzelt in einer alten katalanischen Tradition. Die hohlen Ziegel sind, wie die Außenwände, im Halbsteinverband mit Gipsmörtel vermauert. Nur in den höchsten Punkten der Ziegelschale sind dreieckige Steine eingefügt; alle anderen Wendungen und Veränderungen können durch die Toleranz in den Fugen aufgenommen werden. Durch

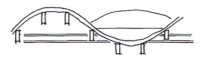

Abb. 179 Ansicht der dachkonstruktion

diese Konstruktion entsteht eine im Grundriss rechteckige, steife Fläche mit einer ausgezeichneten Entwässerung. Die Senken sind wegen der Leckgefahr etwas verdickt ausgeführt.

Bereits vor dem Bau dieser Schule hatte Gaudí ein schalenförmiges Ziegeldach für eine Schmiede entworfen. Am Fuße der Sagrada Familia stand neben der Schule noch eine kleine Fabrik mit einem *Elpar*-Dach (*Elpar* = elliptisches Paraboloid). Das Prinzip der *gefalteten* Mauern und der zweiseitig gebogenen Dachflächen setzte Gaudí auch bei der Kirche in Santa Coloma ein.

Symbolik

Die Symbolik ist in diesem Gebäude Gaudís ausnahmsweise nicht religiös.

Man sagt, dass das Dach eine Glucke darstelle, die ihre Flügel über ihre Küken ausbreitet. Ihren Kopf erkennt man an der in katalanischer Art verzierten Laterne über dem Eingang.

Moral

Dass die kleine Schule sich trotz ihres provisorischen Charakters und der sehr niedrigen Baukosten noch immer in einem guten Zustand befindet und sich noch heute als brauchbar und erstaunlich zeitlos in ihrer Form erweist, kann als schlagender Beweis für Gaudís These gelten, dass Schönheit und Logik der Struktur unabhängig über allen Stilen stehen.

Abb. 180 Das Dach, von den Türmen der Sagrada Familia aus gesehen

Abb. 181 Querschnitt durch die Dachkonstruktion

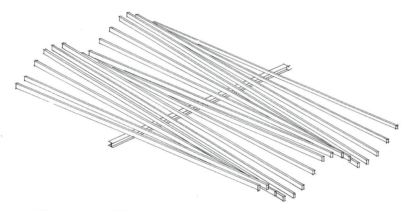

Abb. 182 Isometrie der Balkenlage

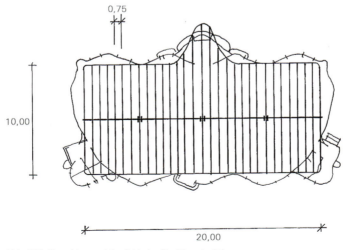

Abb. 183 Grundriss und Ansicht der Dachkonstruktion.

Park Güell (1900-1914) — Harm Noordhof

Allgemeines

Der Park ist, wie viele andere Bauwerke von Gaudí, aufgrund einer Initiative seines wichtigsten Auftraggebers, Don Eusebio Güell, entstanden. Während seiner Reisen durch Europa lernte Güell die englischen Gartenstädte kennen. Hierdurch angeregt beschloss er, einen Vorort Barcelonas inmitten einer Parkumgebung zu gründen. Dieser sollte mit Einrichtungen ausgestattet sein, die es für Wohlhabende aus der Stadt attraktiv machen sollte, so weit außerhalb zu wohnen. Als Unternehmen war der Plan ein Fiasko; nur zwei Parzellen wurden verkauft, eine davon an Gaudí selbst. Später ist der Park, der eine Größe von 15 ha hat, von den Erben Güells der Stadt geschenkt worden. Seit 1922 ist er ein öffentlicher Stadtpark.

Struktur

Der Park liegt an der *Muntanya Pelada*, dem *Kahlen Berg*. Beim Entwurf des Verkehrssystems mit getrenntem Auto-, Kutschen- und Fußgängerverkehr orientierte sich Gaudí vor allem an der Topografie des Geländes. Dort, wo die Höhenunterschiede groß waren, sah er Viadukte und Stützkonstruktionen aus lokal vorgefundenen Materialien vor. Diese Lösung erlaubte es den Fahrzeugen, beinahe alle Punkte des Parks zu erreichen, während unter den Straßen sonnen- und regengeschützte, dem Fußgängerverkehr vorbehaltene Plätze entstanden. Die dreieckigen Parzellen sind so situiert, dass, wenn die Häuser in ihrer Mitte angeordnet werden, die Aussicht auf Barcelona nicht durch davor liegende Bebauung verstellt wird.

Der Hauptplatz

In der Mitte des Parks liegt ein großer Platz, eine Art Freilufttheater, der für vielfältige kulturelle und soziale Veranstaltungen vorgesehen war. Gleichzeitig sorgt der Platz für die Sammlung des Regenwassers. Die Fläche hat kein Gefälle; die Entwässerung erfolgt durch die Absorption der Erde. Das Wasser wird zum weiteren Gebrauch für die Bewohner von einem Dränagesystem durch die Säulen in ein unter der Markthalle gelegenes, 12.000 m^3 fassendes Reservoir geleitet.

Der Platz wird von dorischen Säulen getragen; allerdings sind sie nicht aus Natur-, sondern aus Ziegelstein, der mit einem grauen Zementputz überzogen ist. Die Säulen stehen in regelmäßigen Abständen und tragen auf achteckigen Kapitellen ein System

Abb. 186 Die Treppe hinter dem Eingang, die zur Markthalle und dem darüber gelegenen Platz führt

von Kuppeln (Kugelsegmenten), die aus flachen Ziegeln gemauert sind. Die Erdlage darüber sorgt für die Verteilung der Druckkräfte. Die Balkenkonstruktion zwischen den Säulen beim Zusammentreffen zweier Kugelsegmente ist in Stahlbeton ausgeführt. Die ganze untere Seite dieser Konstruktion ist mit einem bunten Mosaik aus Kachelscherben bedeckt. Unter dem Platz stehen die Säulen gerade; die peripheren Säulen sind aus Gründen der Kippsicherheit schräg nach außen gestellt. Außerdem verjüngen sie sich im Gegensatz zu den anderen konisch; wahrscheinlich handelt es sich um eine Übertreibung der optischen Korrektur der griechischen Antike.

Der Rand des Platzes, von dem man eine fantastische Aussicht über Barcelona genießt, hat die Form einer Bank. Die durchlaufende Bank ist aus (vorfabrizierten) halbkreisförmigen Abschnitten zusammengesetzt, unter deren Mittelpunkt jeweils eine Säule steht. Die gewellte Form der Bank folgt aus der Säulenstellung und der Platzform. Dort, wo der Platz diagonal *abgeschnitten* wird, erhält die Halbkreisform eine veränderte Mittellinie. Die Bekleidung der Bank mit Scherben von Kacheln, Glas und Keramik erweist

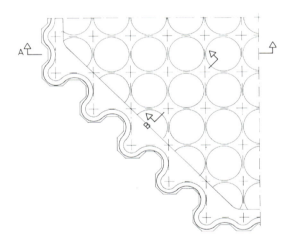

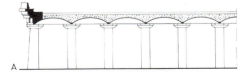
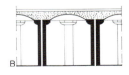

Abb. 188 Ein Teilbereich des Platzes mit den zugehörigen Schnitten

sich als sehr praktisch und hygienisch; nach einem Regen wird das Wasser durch Speier schnell abgeführt. Gaudís Mitarbeiter Jujol hatte großen Einfluss auf das Muster und die Farben des Mosaiks.

Unter dem Platz befindet sich ein dunkler, geschützter Raum, in dem Markt gehalten werden konnte. Gaudí hat, um Raum zu gewinnen, einmal zwei und zweimal eine Säule weg gelassen. Die dadurch entstehenden größeren Spannweiten werden durch unsichtbare Bogenkonstruktionen bewältigt. Die Rosetten, die diese Stellen in der Decke akzentuieren, führte Jujol in Mosaikform unter Verwendung von Fundmaterialien aus; sie erinnern an offene Wunden.

Die Markthalle erreicht man über Treppen, die direkt hinter dem Haupteingang des Parks liegen. Sie sind gekachelt, wie auch die begleitenden Mauern. Die Mosaiken geben dem Ganzen durch die Abwechslung von weißen und bunten Kacheln und ande-

bb. 190 Mosaikrosette an der Stelle, wo eine Säule unter dem Platz weggelassen wurde. Sie wurde von Josep M. Jujol gestaltet

ren Verzierungen, z. B. einem bunten Drachen und einer Nische unterhalb der Halle, ein helles und fröhliches Aussehen. Beim Haupteingang des Parks, rechts neben der Treppe zur Markthalle und dem Platz, befindet sich in einer wie in den Fels gehauenen Höhle eine Wendeschleife für Kutschen und Autos. Sie war als geschützter Halteplatz für den Ein- und Ausstieg gedacht. Diesen Raum überdeckt ein ringförmiges, parabolisches Gewölbe aus flachen Ziegeln, innenseitig mit rohen Feldsteinbrocken bekleidet. Bis auf die zentrale *Säule*, die hohl blieb und durch eine Betonplatte abgedeckt ist, wurden alle Leerräume über dieser Konstruktion mit Erde gefüllt.

Die Säulengalerien

Die Konstruktionsmethoden, die Gaudí für die Säulengalerien und Viadukte wählte, sind eine Fortsetzung seiner Ideen über den Kräfteverlauf in Konstruktionen, so wie er sie bei der Vorbereitung zum Bau der Krypta in Santa Coloma entwickelt hatte. Das Schrägstellen der Säulen und die Anwendung verschiedener Bogenkonstruktionen entsprechen genau der in der Konstruktion wirkenden Druck- und Schubkräfte. Man kann sie mit graphostatischen Diagrammen verdeutlichen. Für alle Konstruktionen wurden genaue Berechnungen angefertigt. Bei der Ausführung dieser Konstruktionen

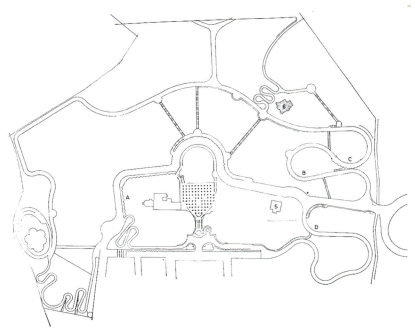

Abb. 192 Grundriss vom Park Güell. Die Buchstaben verweisen auf die Beschreibungen der verschiedenen Viadukte

Abb. 193 Säulengalerie A. „doppelstöckig"

Abb. 194 Blick in die Säulengalerie A

verwendete Gaudí die traditionellen Materialien Ziegel- und Naturstein. Die Wahl lag in diesem Fall nahe, da man ja Bruchstein an Ort und Stelle vorfand. Durch den Gebrauch dieser Steine passen sich die Bauwerke ihrer Umgebung gut an, die Oberfläche der Säulen ähnelt Baumrinde. Gaudí beschränkte

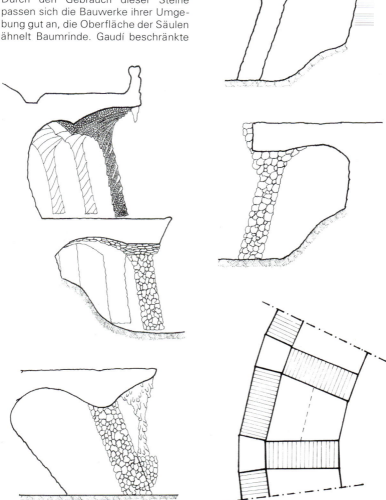

Abb. 195 Die Säulengalerie A, mit Schnitten zweier Niveaus und Schema der Tonnengewölbe. Querschnitt bei und zwischen den Säulen.

Park Güell (1900-1914) Harm Noordhof

sich auf wenige Materialien und lernte, sie bis zum Äußersten zu nutzen. Er entwickelte hier die bei früheren Gebäuden angewendeten Prinzipien weiter. Der Plan enthält vier Stützprinzipien für Straßen und Wege:

* Als erstes die Säulengalerie A, die sich nahe der früheren Güell-Residenz befindet. An einer Stelle besteht die Galerie aus zwei Niveaus. Das Schrägstellen der Säulen folgt aus dem Druck- und Schubkräfteverlauf; es erlaubt eine Einsparung von Material und gibt den Fußgängerwegen einen sehr räumlichen Effekt. Die Straße wird von schraubenförmigen Säulen getragen, die sich nach oben wie ein Fächer erweitern. Die Galerie selbst wird durch schräge Säulen und ein System aus Tonnen und halben katalanischen Gewölben gestützt. Auf der rechten Seite tragen

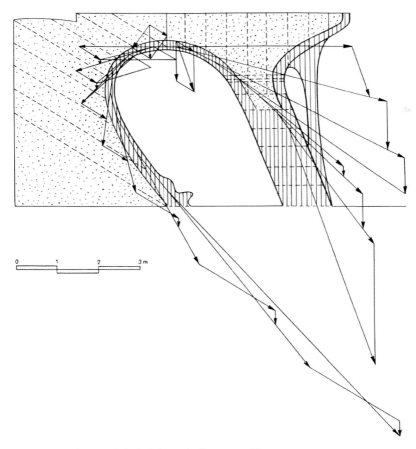

Abb. 197 Die Säulengalerie A, Schema der Tonnengewölbe

Abb. 198 Säulengalerie D

Abb. 199 Säulengalerie B

Karyatiden den Überhang. Sie leiten die Kräfte direkt zum Säulenfuß.

• Die Säulengalerie, rechts vom Haupteingang des Parks gelegen – im Grundriss ist sie mit D ausgewiesen – hat beidseitig nach innen geneigte Säulenreihen. Bis zu einer gewissen Höhe bleibt ihr Umfang konstant, darüber nimmt er langsam zu. Das Konstruktionsprinzip erinnert an das Fächergewölbe der englischen Spätgotik, allerdings mit einem Unterschied: Die Säulen sind um ein halbes Joch gegeneinander verschoben. Auch hier erscheinen wieder die Karyatiden, welche hier die schweren Blumenkästen des Straßenrandes tragen.

• Der nächste Viadukt, der etwas höher liegt und mit dem Buchstaben B bezeichnet wird, ist teilweise rund, teilweise gerade, an einer Stelle halb offen, an der anderen ganz offen. Die Straße darüber wird von Säulen mit waagerechten Lagerfugen getragen. Die Säulen der inneren Reihe sind rund, die der äußeren sind an der Innenseite rund und außen prismatisch. Die Decke besteht aus einem Netzwerk kleiner Stahlbögen, die mit vermörtelten Steinen verkleidet sind. Auf quadratischen Kapitellen ruhend verbinden sie die Säulen miteinander. Die Felder zwischen den Bögen sind mit Bruchsteinen ausgefüllt. Felder und Bögen führen gemeinsam die Druckkräfte in die Säulen ab. Zwischen diesen Bogenkonstruktionen, von Säule zu Säule, werden die restlichen Felder durch Gewölbe aus spitzen Steinen überspannt.

• Noch etwas weiter nach oben, dieser Route folgend, befindet sich der Viadukt C. Er ist auf beiden Seiten offen und ruht auf drei Säulenreihen, die im Grundriss ein Netz von Dreiecken bilden. Die mittlere Reihe steht senkrecht, die äußeren zwei sind schräg gestellt und stemmen sich dem seitwärts gerichteten Druck der Gewölbe entgegen. Die Säulen sind aus rohen Quadern zusammenge-

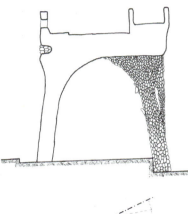

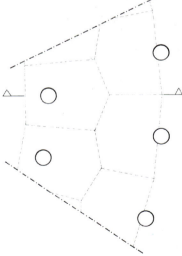

Abb. 200 Die Säulengalerie D. Schnitt und ein Ausschnitt des Grundrisses

Abb. 201 Säulengalerie C

Abb. 202 Säulengalerie C. Die Deckenkonstruktion

setzt, deren Lagerfugen im rechten Winkel zur Stützrichtung verlaufen. Ein Gewölbe wird von jeweils drei Säulen getragen und besteht aus einer Spitzbogenkonstruktion, deren Stahlrippen wiederum mit kleinen Steinen im Mörtelbett verkleidet sind.

An der Innenseite von fünf Pfeilern befinden sich talseitig Sitze aus Stein. Die Straße, die über die Brücke führt, ist mit Blumentrögen verziert, die auf freistehenden Säulen stehen. Am Straßenrand sind auch hier kleine Steinbänke zu finden; als Sitz und Rückenlehne dient jeweils ein flacher Stein. Die Lehne wird von unsichtbaren Stahlstäben gestützt, die unter einer Schicht aus Zement und Stein verborgen sind.

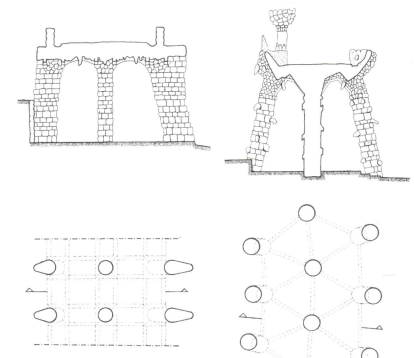

Abb. 203 Die Säulengalerie B. Schnitt und ein Ausschnitt des Grundrisses.

Abb. 204 Die Säulengalerie C. Schnitt und ein Ausschnitt des Grundrisses

Cripta de la Colonia Güell (1896-1914)   Jos Tomlow

1898 gab Señor Eusebio Güell i Bacigalupi Gaudí den Auftrag, eine Kirche für eine Textilarbeitersiedlung zu entwerfen, die Güell in Santa Coloma de Cervelló, südlich von Barcelona, gegründet hatte. Nach zehn Jahren Vorstudien begann der Bau der Kirche 1908. 1914 wurde er stillgelegt, nachdem die Krypta und der Kirchenboden fertig gestellt waren. Es war der Moment des Ausbruchs des ersten Weltkrieges, der die katalanische Textilindustrie in eine schwere Krise stürzte. Ein weiterer Grund für die Unterbrechung war eine schwere Erkrankung Güells, von der er sich nicht mehr erholen würde.

Während der Vorstudien zum Bau erhielt Gaudí Hilfe von den Architekten Francesco Berenguer und Josep Canaleta sowie vom elsässischen Ingenieur der *Compañía de Aguas de Barcelona*, Eduard Goetz. Wegen der Anwendung einer Vielfalt komplizierter Mauertechniken konnten immer nur wenige Arbeiter gleichzeitig auf dem Bau arbeiten. Die Ausführung, zu der

Abb. 207 Die Basaltsäulen, die schon für den Bau der eigentlichen Kirche bereit lagen

Abb. 208 Gesamtansicht des Eingangsbereichs der Krypta. Die Säulenhalle vor der Krypta wirkt wie eine naturlich gewachsene Höhle

auch die Arbeiter einen wichtigen Beitrag lieferten, wurde intensiv von Gaudí und seinen Mitarbeitern begleitet.

Die Kirche der Colonia Güell sollte in Gaudís Œuvre als Probe und Kontrolle für seine Theorien dienen, die er auf dem Gebiet der Statik und Mechanik für die Sagrada Familia entwickelt hatte. Er wollte seine These beweisen, dass er die Gotik weiter entwickle und durch den Gebrauch der schräg gestellten Säulen die Strebebogenkonstruktion der Gotik überflüssig mache. Trotz des Einflusses, den die zwei Entwürfe aufeinander hatten, ist die Art, die statischen Probleme zu lösen, unterschiedlich. Die Tragstruktur der Sagrada Familia wurde auf graphischem Wege festgelegt, während für die Entwicklung der Tragstruktur der Kirche in der Colonia ein dreidimensionales Hilfsmittel benutzt wurde: das Fadenmodell.

Das Fadenmodell

Dieses Modell ist eine räumliche Wiedergabe der Tragstruktur der Kirche. Der Fertigstellung des definitiven Modells ist eine jahrelange Entwicklung vorangegangen. Ein Vergleich mit einem Computermodell gibt einen Eindruck des Arbeitsprozesses. Zunächst wird die Druckfestigkeit und das Gewicht aller architektonischen Elemente festgestellt. Man könnte diese Daten mit *input* bezeichnen. Der Computer entspricht dem Modell, das sich selbsstätig der Schwerkraft anpasst; ein Prozess, auf den der Programmierer keinen Einfluss hat, und der zu schnell verläuft, um ihm folgen zu können. *Output* sind die definitiven Gegebenheiten, so wie Maß und Richtung der Elemente und die in ihnen auftretenden Kräfte. Das Modell besteht

Abb. 209.a Kettenmodell der Kirche (ohne Unterbau), das mit Hilfe von einer zeichnerischen Rekonstruktion von Puig Boada gebaut wurde.

aus einem Netzwerk von Fäden, das an der Decke hängt und durch Gewichte (Schrotsäckchen) in eine bestimmte, stabile Form gebracht wird. In die Flächen zwischen den Fäden werden Blätter, Papier und Tuchstreifen *eingehängt*, die Wände, Dächer etc. wiedergeben. Die Fotos des Modells zeigen die Gesamtform der Kirche, allerdings umgekehrt, auf dem Kopf stehend. Der Grund für die Umkehrung ist, dass die Kräfte im Modell denen der Krypta genau entgegengesetzt (reziprok) sind. Da in der steinernen Krypta beinahe nur Druckkräfte auftreten, kann die Tragstruktur der Krypta im Modell durch zugbeanspruchte Fäden wiedergegeben werden. Wie schon gesagt, ist das Modell aus Fäden, Gewichten und Flächen aufgebaut. Die Flächen sind wichtig, um „ein Bild der logisch resultierenden Masse zu erhalten"

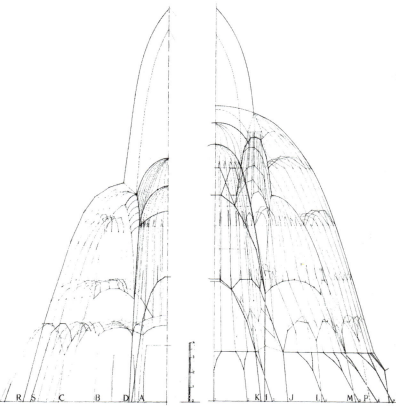

Abb. 210 Fadenmodell. Querschnitt durch den vorderen Teil (Quelle: Amigos de Gaudí)

Abb. 211 Fadenmodell. Querschnitt durch den hinteren Teil (Quelle: Amigos de Gaudí)

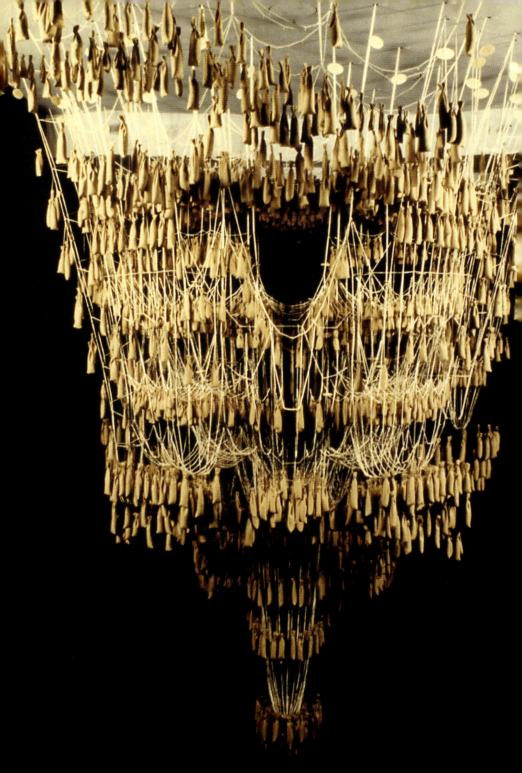

(Martinell), aber sie haben keinen Einfluss auf die Tragstruktur. Veränderungen am Modell erfolgen indem man:

1. die Fäden
a) verlängert bzw. verkürzt
b) umhängt
c) hinzufügt oder wegnimmt

2. die Gewichte
a) schwerer bzw. leichter macht
b) umhängt
c) hinzufügt oder wegnimmt.

Die Fäden reproduzieren die Bestandteile der Tragstruktur wie Säulen, Bögen, Rippen und auch Wände, soweit die Kanten ihrer Flächen mit Fäden übereinstimmen. Die Gewichte simulieren Angriffsort und Größe der geschätzten Belastungen, vor allem des Eigengewichts. Das Modell ist eine Alternative zur graphischen Methode in der zweidimensionalen Fläche, die normalerweise für die Lösung statischer Probleme angewendet wird. Der räumliche Zusammenhang der Tragstruktur, der in der Fläche nicht gezeigt werden kann, ist im Modell deutlich zu erkennen. Sogar die kleinste Unterstützung, die ein Teil einem anderen gewährt, wird sichtbar. Das Fadenmodell zeigt nur das Resultat vertikaler Kräfte. Die Windbelastung, die bei hohen Gebäuden großen horizontalen Druck auf die Struktur ausübt, wird in diesem Modell außer Acht gelassen. Auf Fragen, die wir Gaudí-Kennern stellten, erhielten wir stets die Antwort, dass die Windbelastung im Fall der Kirche Colonia Güell relativ klein ist. Sehr befriedigend fanden wir diese Antwort nicht. Es besteht die Möglichkeit, dass Gaudí selbst die Windbelastung beim Entwickeln der allgemeinen Tragstruktur einkalkulierte.

Der allgemeine Aufbau der Kirche

Das Gebäude ist teilweise in den Berghang eingegraben, der Eingang liegt auf der Talseite. Die Kirche war zudem auf einem Unterbau aus einer Krypta und einer dahinter, etwas höher gelegenen Sakristei geplant. Vor dem Eingang zur Krypta befindet sich eine offene Halle, duch welche die Treppe zur geplanten Kirche führt.

Der Unterbau der nie fertig gestellten Kirche besteht, wie in Grundriss und Längsschnitt sichtbar, aus drei Teilen. Sie unterscheiden sich nicht nur in ihrer Form, sondern auch in ihrer Funktion und Konstruktion.

Die Teile :

a) Die Vorhalle bzw. der überdeckte Teil vor dem eigentlichen Zugang zur Krypta, in dem sich ebenfalls ein etwas vertiefter Warteraum befindet. Über dem Warteraum verläuft die Treppe zu der Stelle, an welcher der Eingang zur Kirche gelegen hätte.

b) Der Raum der Krypta mit Bänken, Altar, Seitenkapellen, usw.

c) Nebenräume, ein Platz für den Chor hinter dem Hauptaltar, die Sakristei, Abstellräume usw.

Die Vorhalle

Die Tragstruktur dieser Halle besteht aus einem Dach auf Säulen in einem mehr oder weniger regelmäßigen Raster. Die Stabilität stellt kein Problem dar, da das Dach der Halle mit der Deckenkonstruktion der Krypta verbunden ist. Wie in der Krypta stehen die Säulen schräg nach außen und erhöhen damit nochmals die Stabilität.

Das Dach ist aus Bögen aufgebaut, die ein dreieckiges Muster formen. Die Dreiecke zwischen den Bögen sind mit Hyparschalen gedeckt. Die Hohlräume oberhalb der Hyparschalen sind gefüllt, so dass das Dach begehbar ist. Das Dach, über dem die Treppe nach oben führt, und die Plattform, die vor der geplanten Kirche liegt, haben unterschiedliche Niveaus. Auf jedem der zwei Niveaus befinden sich Bögen in c3, c4 und c4, b4 (vgl. Abb. ....). Zwischen den Bögen entstehen große Öffnungen. Aus c4 entspringt auf dem niedrigen Niveau ein Strebebogen, der den Bogen c4, b3 in seiner Mitte stützt. Wie man im Schema des Dreieckmusters aus Bögen sehen kann, unterscheidet sich die Tragstruktur des an die Krypta angrenzenden Teils von der des restlichen Teils der Halle. In b1, b2 und b3, in denen normalerweise Säulen hätten stehen müssen, sind diese durch Schlusssteine ersetzt. Gleichzeitig erfolgt hier die Überspannung nicht von einem Knotenpunkt in a nach oben zum Schlussstein und von dort nach unten zum Knotenpunkt in c, also zwei

Abb. 212 Grotte neben der Säulenhalle. Von den Stützsäulen aus verzweigen sich mehrfach abgewinkelte Rundbögen

Dreieckseiten weiter. Zwischen b1 und b2 sowie b2 und b3 (gekennzeichnet mit einer gestrichelten Linie) fehlt ein Bogen, der dort hätte sein müssen. In diesem Fall ist die Hyparschale zwischen den Schlusssteinen ein Rhombus, und die Kräfte werden über die Bögen, die sich in den Schlusssteinen vereinigen, nach unten abgeführt. Wäre hier von Schlussstein zu Schlussstein ein Bogen gesetzt worden, dann würden die normalen Bögen nicht nur durch die Kräfte der Hyparschale belastet, sondern auch durch jene des erstgenannten Bogens. Dies würde die Hierarchie der Tragstruktur undeutlich machen, in der die Schalen auf Bögen ruhen und die Bögen auf Säulen und Mauern. Eines dieser Hypars, c4, d4,

c5 wird nun mittels einer stereometrischen Zeichnung und eines Schnitts näher untersucht (*vgl. Abb . ....; Es handelt sich hier um stilisierte Zeichnungen, in denen angrenzende Hypars, Säulen und Bögen weggelassen sind*).

Dieses Hypar hat die gleiche Form, wie drei andere im Warteraum der Vorhalle. Von den Seiten des Dreiecks, das durch das Gewölbe geformt wird, sind c4 d4 und c4 c5 gerade, während c5 d4 durchhängend, konvex ist. In der Zeichnung ist sichtbar, wie diese Form aus einer Hyparform mit rhombenförmigen Grundriss ausgeschnitten wird. Das Hypar wird durch die Linien AN', N'H, HN und NA begrenzt, das Gewölbe wird durch die Linien AN' und AN und

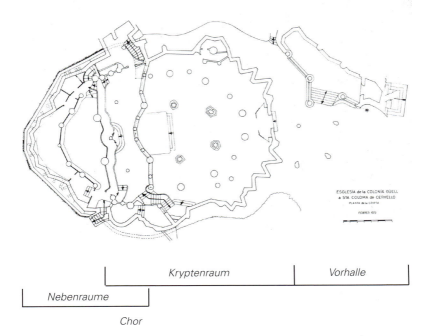

Abb. 213 Grundriss des Unterbaus (Quelle: Amigos de Gaudí)

Cripta de la Colonia Güell (1896-1914)   Jos Tomlow

dem Bogen NMN' beschrieben. Die gestrichelten Linien deuten die Parabeln mit einer zu dem Bogen NMN´ entgegen gesetzten Krümmung an.

In einem ausführlichen Gespräch mit einem alten Mann während unseres zweiten Besuches der Krypta haben wir einige Einzelheiten über die Krypta erfahren. Der Mann behauptete, er sei als Kind oft auf dem Bauplatz gewesen und habe gehört, wie Gaudí das Besondere der Hyparform mit den Worten erklärte: "Dort, wo jeder andere Architekt eine Säule benötigt, brauche ich keine." Diese Worte illustrierte er, indem er mit dem Mauern einer Säule genau auf dem niedrigsten Punkt des durchhängenden Bogens begann. Nun steht ein 50 cm hohes Säulenstück auf dem Boden und ein gleich langes hängt darüber vom tiefsten Bogen herab (inklusive einer Fuge am untersten Stein). Ein Kreuz aus eckigen Kachelscherben, als Verzierung in die Stuckschicht der Hyparschalendecke gedrückt, veranschaulicht den Verlauf der beiden Geradenscharen, in der Geometrie *Erzeugende* genannt, aus denen die Hypar-Form entsteht.

Abb. 215 Säulenkopf c1

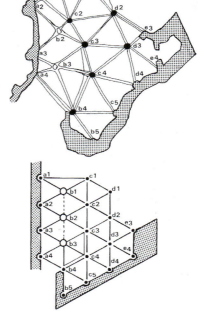

Abb. 216 Ansicht des Daches der Eingangshalle, (gespiegelt zum Grundriss) und dasselbe Dach schematisiert

Cripta de la Colonia Güell (1896-1914) Jos Tomlow

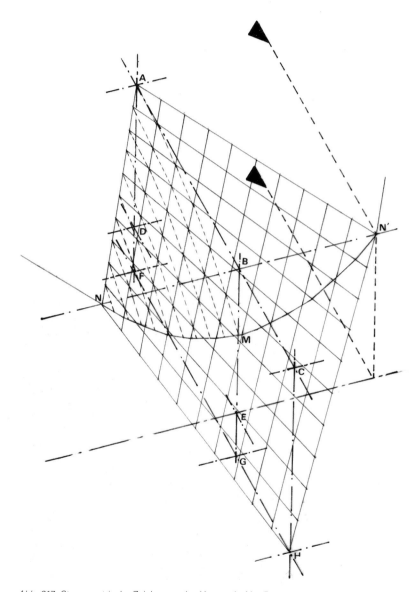

Abb. 217 Stereometrische Zeichnung, das Hypar c4, d4, c5

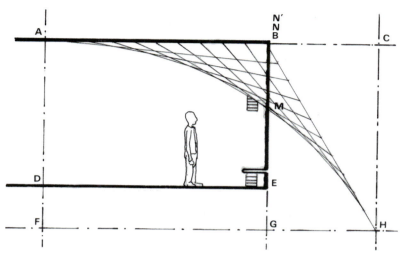

Abb. 218 Schritt durch das Hypar c4, d4, c5

Abb. 219 Der Luftbogen in c4

Abb. 220 Säulenkopf c3

Cripta de la Colonia Güell (1896-1914)   Jos Tomlow

Abb. 221 Das Innere der Crypta mit dem Hauptaltar. Die Symmetrie ist deutlich zu sehen

Abb. 222 Die jetzigen Fenster, deren Formen an Blütenblätter oder Schmetterlingsflügel erinnern, sind eine Kopie der Originale, die 1936 zerstört wurden

Der Innenraum der Krypta

Der Kryptaraum wird durch zwei hufeisenförmige Schiffe gebildet, die sich konzentrisch um den ovalen Mittelteil mit dem Hauptaltar legen. Mit den Nebenräumen formt er ein Ganzes, das zum größten Teil symmetrisch ist, aber nicht spiegelbildlich zur Achse von Haupteingang zu Altar (abweichend von der Spiegelsymmetrie fehlt zum Beispiel eine Säule in einer Reihe). Das Innenschiff wird durch zwei Seitenaltare abgeschlossen. Im äußeren Schiff ist der Eingang, die Treppe und eine Seitenkapelle angeordnet. Die Außenmauer folgt der Hufeisenform des äußeren Schiffs mit fünf im stumpfen Winkel zueinander stehenden, mehr oder wenig geraden Abschnitten. Eine Seitenkapelle und eine gemauerte Spirale (die eine offene Wendeltreppe zum Turm hätte werden sollen) stehen als runde Elemente mit ihrem Mittelpunkt auf der Mauerlinie und sind darum unabhängig konstruiert. Sie sind ebenfalls symmetrisch zur Mittelachse. Sie nehmen einen zentralen Platz in den Mauerflächen ein, die sich links und rechts vom Eingang bis zu den Nebenräumen erstrecken. Die Seitenkapelle und die Spirale haben in ihrem oberen Teil einen sechsachsigen Grundriss. Drei Seiten werden durch die Außenmauer geformt, in jeder befindet sich ein Fenster. In zwei Eckpunkten des Sechsecks stehen im Kryptaraum Säulen, die drei Öffnungen in den restlichen Seiten markieren. Diffuses Licht von außen fällt bis in den Zentralraum, weil die zwei großen Fenster zu beiden Seiten des Zentralraums zwischen die großen Säulen gesetzt sind. Die anderen Fenster sind gleichmäßig

Abb. 223 Das Innere der Crypta mit dem Hauptaltar. Die Symmetrie ist deutlich zu sehen

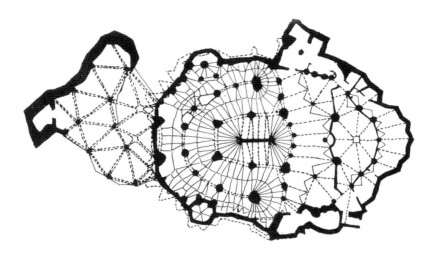

Abb. 224 Die sekundäre Tragstruktur des Daches der Crypta (gespiegelt zum Grundriss)

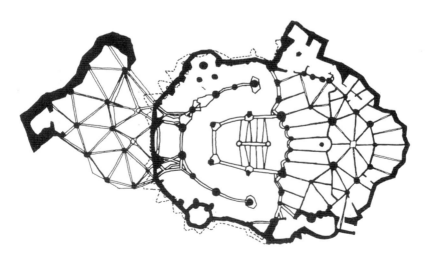

Abb. 225 Die primäre Tragstruktur des Daches der Crypta (gespiegelt zum Grundriss)

in der Außenwand verteilt und sorgen für eine gleichmäßige Belichtung des Raumes. Weil das Licht diffus einfällt, hat die Stellung der Säulen in Bezug auf die kleinen Fenster wenig Einfluss. Diese Aufzählung verdeutlicht, wie logisch dieser Raum aufgebaut ist. Beinahe schematisch nehmen alle Elemente ihren Platz zueinander und zum Ganzen ein. Unter dem Einfluss des Fadenmodells ist der klare Aufbau der Tragkonstruktion mehr oder weniger den Gesetzen der Mechanik angepasst bzw. aus ihnen heraus entwickelt. So ist die Krypta schließlich mit einer Vielfalt von schrägen Ecken in Plan und Schnitt gebaut worden.

In vielen Architekturabhandlungen wird ungenügend auf die Klarheit in Gaudís Œuvre hingewiesen. Das folgende, auf die Krypta bezogene Zitat von N. Pevsner ist typisch. "Die Pläne ... sind von so zügelloser Extravaganz wie kaum ein früher geschaffenes Bauwerk. Sie hat einen vollkommen freien, asymmetrischen, eckigen Grundriss mit über Eck gestellten Pfeilern, unregelmäßig gekrümmten Gewölben, ostentativ roh gearbeiteten Bänken; unbeschreibbar ist das Wechselspiel zwischen Innerem und Außenbau." (*zitiert nach: Pevsner, Fleming, Honour (Herausgeber), Lexikon der Weltarchitektur, Reinbek 1976, 1984, S. 198*)

Von irgendeiner Analyse kann hier keine Rede sein; wohl zeugt dieses Zitat von großer Flüchtigkeit, wenn man die ungewöhnliche Form des Grundrisses für völlig frei und Gaudís Arbeit für unbeschreibbar hält. Dessen ungeachtet setzt der Autor seine Beschreibung fort.

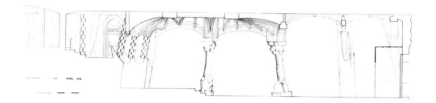

Abb. 226 Längsschnitt des Unterbaus ohne die Eingangshalle (Quelle: Amigos de Gaudi)

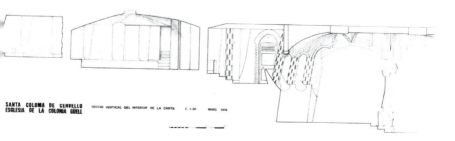

Abb. 227 Querschnitt der Krypta (Quelle: Amigos de Gaudi)

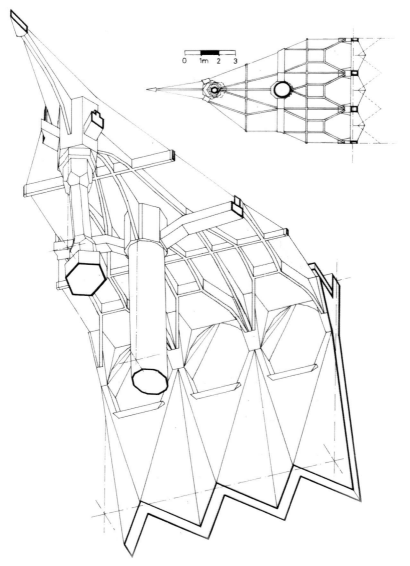

Abb. 228 Stilisierte Axonometrie eines Segments der Crypta. Projektion der Decke und der Innenansicht durch den Boden gesehen

Tragstruktur

Die Tragstruktur des Kirchenbodens besteht aus *Portalen* (Säulen und Bögen) und der Außenmauer, die zusammen ein Rippennetz tragen, auf dem der Kirchenboden gemauert ist. Weil die Stützkonstruktion des Rippennetzes so deutlich zu erkennen ist, können wir eine primäre und eine sekundäre Tragkonstruktion unterscheiden.

Primäre Tragstruktur

Man kann in der Axonometrie sehen, dass dieser Teil der Mauer unten gezahnt und oben gerade ist. Dadurch ist die Mauer in der Lage, Kräfte aus den Rippen senkrecht in sich aufzunehmen. Die Mauer besteht abwechselnd aus Abschnitten, die in die senkrechte Fläche bzw. nach außen gekippt sind. Die Stahlfenster haben eine verdickte Einfassung aus Stein und sind in die senkrechte Fläche gesetzt. Die nach außen geschwekten Teile mit einer verdickten Oberseite stützen größtenteils die Rippen. Die Schubkräfte der Rippen werden auf diese Art direkt in die Fundierung abgeführt. 1938 wurden die Fenster restauriert, nachdem sie im Bürgerkrieg zerstört worden waren. Die Mauer besteht aus geraden Flächen, die in verschiedenen Winkeln zuein-

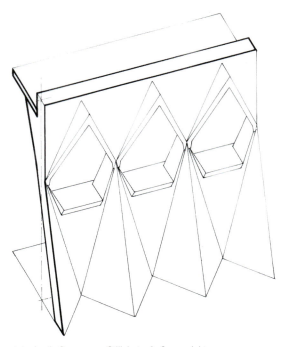

Abb. 229 Axonometrie der Außenmauer. Stilisierte Außenansicht

Abb. 230 Die Aussenmauer zwischen Eingangshalle und einen der Ecktürme, rechts vom Eingang der Krypta

Abb. 231 Fenster in dem Teil der Aussenwand, der in der Axonometrie wiedergegeben ist

ander stehen. Im Gegensatz zur Einfachheit des so entstandenen Ganzen bilden die windschiefen Flächen der gemauerten "Fensterrahmen" eine Ausnahme. Fotos vom Bau der Krypta zeigen, dass die Außenmauer auf traditionelle Art mit Hilfe von so genannten *Profilen* gemauert wurde. Die Profile geben an, wo die Flächen, aus denen die Mauer aufgebaut ist, zu liegen haben. Für die Außenmauer wurde ein normaler und ein stark schlackehaltiger Ziegelstein gewählt. Der zweite, der eine relativ spröde und heterogene Struktur hat, kommt nur an Stellen vor, an denen keine großen Spannungen auftreten, wie in der Mitte der Flächen und unter den Fenstern.

Die zwei hufeisenförmigen Ketten aus Säulen und Bögen

Die äußere Kette steht unabhängig im Raum. Einen Teil ihrer Stabilität erhält diese Konstruktion von der sekundären Tragstruktur (den Rippen), die als ein steifes Ganzes in der Außenmauer verankert ist. Die Säulen der äußeren Reihe sind rund gemauert mit einem Durchmesser von ca. 1 m. Sie sind teilweise mit Zement verputzt (ebenso der untere Teil der Innenseite der Außenmauer), um die Garderobe der Kirchenbesucher vor Beschädigung zu schützen. Das Kapitell der Säulen ist vieleckig und dicker als die Säule. Vom Kapitell ausgehend sind jeweils zwei Bögen und zwei oder mehrere Rippen gemauert. Dies ist eine rationale Detaillierung, insofern die Flächen, aus denen das Vieleck besteht, senkrecht zur Bogenrichtung gewählt worden sind. Vier Basaltsäulen (aus Stabilitätsgründen schräg nach innen gesetzt) formen zusammen mit zwei großen und sechs kleineren, auf der Scheidewand zwischen Krypta und Nebenräumen stehend, ein Oval: die innere Kette.

Die Basaltsäulen stehen zentral, zwischen den Kirchenbänken im Kryptaraum. Wegen ihrer großen Druckfestigkeit kann ihr Durchmesser kleiner als jener der Ziegelsteinsäule sein. Sie behindern die Aussicht auf das Geschehen vorne nur wenig. Der Unterschied zur Ziegelsteinkonstruktion wird in der Säule selbst ausgedrückt, indem das Kapitell - natürlich oberhalb der Augenhöhe - aus Ziegelstein ausgeführt ist und einen viel größeren Durchmesser hat (ungefähr gleich dem der Ziegelsteinsäule). Die Vergrößerung der Spannung geschieht gleichmäßig, indem man die Querschnitte in kleinen Schritten verkleinert. Schon beim ersten Schritt wird das Material der großen Druckstärke angepasst (Basalt). Als kleiner Eindruck der Größenordnungen: Ziegelsteinmauerwerk hat eine Druckfestigkeit von 10 bis 20 N/mm^2 während die maximale Druckbelastung für Basalt 45 N/mm^2 beträgt. Schenkt man Puig Boada Glauben, sollten diese kleinen Säulen eine ca. 75 Tonnen schwere Last tragen. Der Säulenschaft ist aus Basalt. Er hatte außer dem Glätten der Ober- und Unterseite zur Aufnahme des Kapitells bzw. des Postaments keine Bearbeitung nötig. Zwischen den Abschnitten liegen in den Fugen 2 cm dicke Bleiplatten.

Basalt ist ein Erstarrungsgestein, das in der Natur normalerweise in Form von fünf- bis neuneckigen Säulen gefunden wird. Der Erstarrungsprozess ist mit dem der Oberfläche einer Lehmschicht zu vergleichen: wenn sie längere Zeit trocken liegt, birst die Kruste in Vielecke. Die in der Krypta verarbeiteten Basaltstücke kommen aus Castelfollit de la Roca in den östlichen Pyrenäen.

Abb. 232 Deckenkonstruktion am linken Ende des hufeisenförmigen Schiffs aus gesehen

Abb. 233 Deckenkonstruktion vom linken Ende des hufeisenförmigen Schiffs aus gesehen

Bei einer Säule haben wir uns die Gestaltung vom Schaft bis zum Ziegelsteinkapitell näher angesehen. Die Geometrie spielt eine große Rolle. Alle Elemente haben eine sechseckige Form, wobei die Seitenlängen von unten nach oben zunehmen. Der Schaft ist passend mit dem *Basaltkristall* darüber verbunden. Letzterer ist so bearbeitet, dass eine Form mit einem großen und einem kleinen Sechseck und zweimal sechs Fünfecken übrig bleibt. Das unterste Sechseck dieses Teils passt genau auf den Schaft. Das oberste Sechseck hat längere Seiten und ist um 30° gegenüber dem unteren gedreht. Die hierauf liegende Basaltplatte hat wiederum verlängerte Seiten und die gleiche Position wie das Sechseck der darunter liegenden Platte. Das

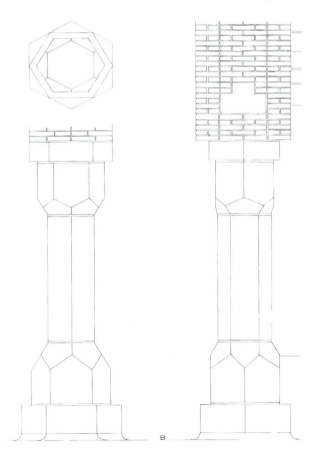

Abb. 234 Ansichten und Schnitt einer Basaltsäule

Cripta de la Colonia Güell (1896-1914) — Jos Tomlow

Ziegelsteinkapitell ist abermals um 30° gedreht. Das Maß dieses Sechsecks ist so festgelegt, dass die Diagonale der Basaltsechseckplatte gleich dem Abstand zwischen zwei parallelen Seiten des Ziegelsteinelementes ist.

Diese Art der Verjüngung der Säule (durch die Drehung der Sechsecke um 30° gegeneinander) wurde auch bei den Holzstützen des Erkers im Palacio Güell angewendet. Die Drehung akzentuiert den Materialunterschied zwischen Ziegelstein und Basalt, und der Ziegelstein kragt (konstruktiv gesehen) gleichmäßig aus. Nicht nur die einzelne Säule ist in ihrem Aufbau geometrisch, sondern auch die zwei Bögen, die in Ziegelsteinkapitellen enden. Sie erhalten in den verschiedenen Lagen durch die sechseckige Form des Kapitels eine entsprechend logische Position. In den zwei mittleren Säulen des Ovals enden die Bögen in einander gegenüberliegenden Punkten des Sechsecks. Die zwei äußeren Säulen empfangen die Bögen in einem stumpfen Winkel (der in einem gleichseitigen Sechseck 120° entsprechen würde). Die Basaltsäule, die in der Krypta viermal und in der Vorhalle einmal vorkommt, ist für uns zum Symbol von Gaudís Œuvre geworden. Diese Säule ist ein Beleg seines Ausspruchs: "Originalität bedeutet, zum Ursprung zurückzukehren". Der Weg, der zu diesem Ausspruch führt, wird von Martinell interpretiert: "... einem Ziel mit vorhandenen Mitteln zu dienen, ihre inneren Werte bis zum Äußersten und ohne stilistische Vorurteile zu nutzen". Jan Molema, unser Dozent, der bei Studenten und anderen das Interesse für Gaudí geweckt und stimuliert hat, geht so weit, dem Material selbst eine ihm eigene Logik zuzuschreiben.

Die Bögen

Die Form der Bögen ist deutlich vom Kräfteverlauf, wie ihn das Fadenmodell zeigt, abgeleitet. Die Rippen sind in regelmäßigen Abständen auf die Bögen aufgelegt und geben ihre Eigen- sowie die Dachlast als Punktlasten an diese ab. Bringt man die Belastungen auf einen frei aufgelegten Balken auf, ist die Momentenlinie ein aus kurzen, geraden Abschnitten bestehendes Polygon. Im Bogen entstehen keine Momente, nur Normalkräfte, weil seine Form die der umgedrehten Kurve entspricht. Die Steinbögen sind, wie beschrieben, aus kurzen, geraden Stücken aufgebaut.

Die sekundäre Tragstruktur

Das Rippennetz

Das Netz der Rippen stellt eine von der ovalen Mitte ausgehende gefächerte Struktur dar, die dafür sorgt, dass diese gestützt wird. Um dies zu erreichen, sind die Rippen an vielen Stellen gespalten, nicht nur bei den Stützungen, sondern auch zwischen den Elementen der primären Tragstruktur. Hier haben die bogenförmigen Rippen die kleinste Höhe. Eine Rippe, die senkrecht zur Spannrichtung der anderen verläuft, bewahrt jene vor Ausknicken an den Stellen, wo sie sich spalten bzw. die Richtung ändern. Die Rippenform entspricht ungefähr einer Parabel. Dies ist nicht unlogisch, da der darüber liegende Bogen als wichtigste Last eine gleichmäßige Belastung auf die Rippen überträgt. In der ovalen Mitte muss ein größerer Abstand als im restlichen Teil der Krypta überbrückt werden. Die parallel verlaufenden Rippen des Ovals überspannen die ganze Länge und sind

Abb. 236 Das Rippennetz

Abb. 237 Primäre und sekundäre Tragstruktur

darum vergleichsweise dick. Im Scheitelpunkt tragen sie eine verstärkte Rippe, an deren Enden sich gemauerte Schlusssteine befinden. Die im Oval strahlenförmig verlaufenden Rippen sind an der einen Seite auf die Bögen der primären Tragstruktur aufgelegt und enden auf der anderen in einem Schlussstein.

Die Nebenräume

Ihre Tragstruktur besteht aus geraden I-Profilen aus Eisen, die in Wänden und auf Säulen aufgelegt oder mit größeren I-Profilen verbunden sind. Die Öffnungen, die von den Elementen geformt werden, sind trapezförmig oder dreieckig. Sie werden von Gewölben überdeckt, die in der traditionellen katalanischen Technik aus flachen Steinen mit Gipsmörtel ausgeführt sind. Die Form der Gewölbe ist derart, dass die Schubkräfte des einen Gewölbes mit denen des benachbarten im Gleichgewicht stehen. Darum müssen die tragenden Elemente nur auf Normalkraft und die Balken auf Biegemomente berechnet werden. Da das Fadenmodell, auf dem auch die Tragstruktur der Nebenräume basiert, nur die Druckkräfte verdeutlicht, fällt das Auftreten von Biegemomenten aus dem Rahmen. Vermutlich ging man davon aus, über genug Angaben zu den Eigenschaften der Eisenkonstruktion zu verfügen, um die Kombination mit den durch das Fadenmodell festgelegten Formen und Werten zu *wagen*. Die Gründe, aus denen diese Konstruktionsmethode gewählt wurde, sind wahrscheinlich nicht rein konstruktiver Art:

a. Im Vergleich zu den Kryptaräumen

Abb. 238 Der Chor in den Nebenräume mit einer Säule des Typs A

haben die Nebenräume keine repräsentative Funktion. Das Rippennetz der Krypta und die Hyparschalen der Vorhalle haben die Eigenschaft, nicht nur schön, sondern auch sehr arbeitsaufwendig zu sein. Um Kosten zu sparen, hat man für die Nebenräume wahrscheinlich eine einfachere Konstruktion gewählt.

b. Im Längsschnitt kann man sehen, dass die Fußböden in der Tiefe des Raumes höher liegen. Das Gefälle, in dem das Gebäude sich befindet, läuft hierzu parallel, mit der Konsequenz, dass der hintere Raum sich ungefähr auf gleicher Höhe mit der Bodenfläche befindet. In dieser Situation können keine großen Kräfte infolge des Grunddrucks entstehen. Ausgehend von der hohen Lage der Nebenräume und des darüber geplanten Kirchenbodens musste eine Konstruktion mit einer geringen Eigenhöhe gewählt werden, um die nötige Gebrauchshöhe dieser Räume zu erhalten. Für die Säulen der Nebenräume wurde ein besonderer Ziegelstein verwendet, ebenso in einigen Stellen der Krypta und der Vorhalle. Die Leserin und der Leser können einige davon auf den Fotos entdecken. Der Ziegelstein hat eine gerade und eine halbrunde Seite. Die Höhe dieser Steine entspricht der des normalen Steins, so dass sie in einer Schicht gemeinsam vermauert werden können. Im Querschnitt der Säulen A und B sieht man, dass der Spezialstein immer am Rand verwendet wird, und zwar so, dass die dem Ziegelstein eigene Form, das Halbrund, nach außen weist und die gerade Seite an mit normalen Steinen vermauerten Innenseite liegt. Hierdurch wird eine Anpassung an runde

 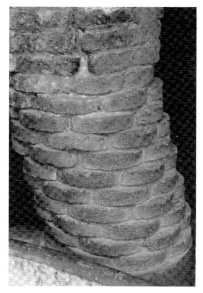

Abb. 239 Schräg ausgeführte Säulen des C-Typs in c3 und d3 (Nahaufnahme)

Formen umgangen. In der Säule C sind die Enden des Halbrunds abgeschlagen, um eine geschlossene, gleichmäßige Oberfläche zu erhalten.

Die Säulen sind in verschiedenen Varianten im Halbsteinverband gemauert. Durch das Halbrund entstehen im Mauerwerk Öffnungen, über denen ein Teil des Ziegelsteins auskragt. Sie sind mit Zement derart gefüllt, dass die Säulen A und B eine unterschiedliche Oberflächenstruktur erhalten.

Die Detaillierung der Säulen A, B und C basiert auf dem geometrischen Gesetz, dass sich ein regelmäßiges Vieleck mit zunehmender Anzahl Ecken sukzessive dem Kreis annähert. Der Durchschnitt der Säule A geht von einem Dreieck aus, jener der Säule B von einem regelmäßigen Sechseck, dessen Seiten die Länge der geraden Seite des Spezialsteins inklusive einer Fuge haben.

Diese verbreiterten Rippen sind so gemauert, dass ihr Ursprung den vier Stellen gegenüberliegt, an denen die Bögen der Vorhalle ihre Kräfte in die Außenmauer ableiten. Hierdurch entsteht statisch gesehen eine Gleichgewichtssituation mit der Konsequenz, dass die auftretenden Lasten als Normalkräfte abgeführt werden. Zur Verdeutlichung dieser Beschreibung verweise ich auf die Zeichnung, in welcher der Kräfteverlauf der auf diese besondere Art belasteten Außenmauer visualisiert ist. Die verbreiterten Rippen sind auf der anderen Seite auf die äußere Kette aus Säulen und Bögen aufgelegt. Dass diese Kette von der Übergangsstruktur ausgehend gekrümmt ist, ist ein Faktor, der die Stabilität des Ganzen, bestehend aus Ketten, verbreiterten Rippen, Außenmauer und Bögen, positiv beeinflusst.

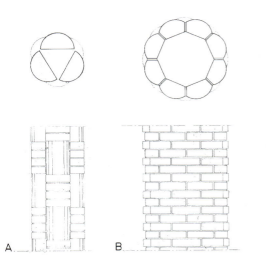

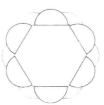

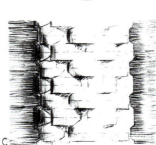

Abb. 240 Schnitte und Ansichten einiger Säulen

Übergangsstruktur zwischen der Krypta und den Nebenräumen

Der Grenzbereich wird durch zwei große und mehrere kleinere Säulen in geringem Abstand zueinander bestimmt. Die kleineren Säulen stehen schräg zur Krypta. Die Schubkräfte der drei strahlenförmig auseinander laufenden Rippenformationen können durch die schräg stehenden Säulen (teilweise über die Bögen) nach unten abgeführt werden, ohne dass in den Säulen Momente auftreten. Die Bögen zwischen den kleineren Säulen neigen sich ebenfalls schräg nach innen. Sie haben eine spitze Form, die mit der Art der Belastung übereinstimmt, d. h. vor allem im Scheitel des Bogens, in dem eine Rippe gestützt wird. Die Balken der Gewölbe über den an die Krypta angrenzenden Nebenräumen werden durch Säulen getragen. Es handelt sich um flache Tonnengewölbe, deren Ränder im rechten Winkel zur Spannrichtung keine Kräfte aufnehmen müssen. Diese Tonnengewölbe haben eine kleinere Spannweite als der Abstand zwischen den Säulen der Krypta. Darum ist auch das Maß zwischen den Säulen beim Übergang von der Krypta zu den Nebenräumen kleiner als zwischen den Säulen der Krypta selbst.

Die Übergangstragstrukturen

Einer der Aspekte, denen Gaudí besondere Aufmerksamkeit widmete, ist der Grenzbereich der Bauteile. In vielen Fällen sind die Bauteile zwei Gedankengängen folgend entworfen: Der eine zeigt das Bauteil als ein selbstständiges

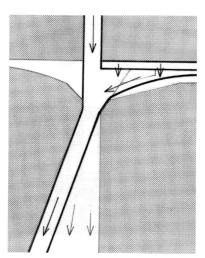 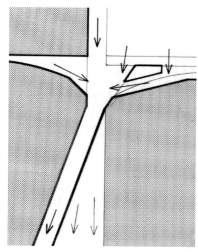

Abb. 241 Der Kräfteverlauf in der Außenmauer bei einer normalen Form der Belastung

Abb. 242 Der Kräfteverlauf in der Außenmauer, wo diese durch Bogen und verbreiterte Rippen belastet wird, die das Dach der Eingangshalle bzw. einen Mauerteil der Kirche tragen.

Ganzes mit einer eigenen Tragstruktur. Der zweite zeigt eine Anpassung der spezifischen Tragstruktur im Grenzbereich mit anderen Bauteilen; dabei wird versucht, den Kräfteverlauf der Bauteile im Grenzbereich zu verstärken, wodurch erreicht wird, dass ein Bauteil das andere stützt.

Die Übergangsstruktur zwischen Vorhalle, Krypta und Eingang der Kirche

Das Dach der Vorhalle ist am Dach der Krypta verankert. Weil in der Vorhalle die Kräfte schließlich in die Bögen abgeführt werden, treten im Grenzbereich zwischen Vorhalle und Krypta an vier Stellen konzentrierte Kräfte auf. Weniger wichtig sind dabei die Kräfte der an die Mauer grenzenden Hypargewölbe. Die Richtung der Kräfte aus dem Bogen sind der Richtung, in der die Mauer die Kräfte aufnimmt, entgegengesetzt (das ist nämlich die Richtung der Rippen; ihre Schubkräfte arbeiten von innen nach außen). Neben dem oben genannten Fall einer außerplanmäßigen Belastung der Außenmauer gibt es noch eine Situation, in der es sich ebenfalls um die Einleitung von Schubkräften in die Außenmauer handelt, allerdings diesmal in derselben Richtung wie die Rippen.

Im Rippenmuster der Krypta erscheinen an beiden Seiten des Eingangs ein Paar verbreiterte Rippen, deren Funktion anfänglich alles andere als deutlich ist. In der Krypta kann ihr Ursprung nicht entdeckt werden. Sie scheinen den Zweck zu haben, zwei Außenmauerteile der über der Krypta geplanten Kirche zu tragen, und zwar an der Stelle, wo dem normalen Raster entsprechend nur der Kirchenboden getragen wird.

Der Einfluss der Maya-Architektur auf Antoni Gaudi

Thema

Man hat bis heute viele Versuche unternommen, die verschiedenen Einflüsse auf Gaudís architektonisches Denken zu erklären. Sowohl die französische Gotik, die maurische Architektur und ihre Vermischung mit der spanisch-christlichen, als auch barocke Strömungen werden in der Literatur häufig als Anregung für Gaudí's Werk angeführt.

Es ist bemerkenswert, dass der Einfluss der alten Kulturen jenseits des Atlantiks auf Gaudís Werk nicht erforscht bzw. erkannt wurde. Dies umso mehr, weil Juan Bassegoda Nonell darauf hingewiesen hat, dass Mosén Verdaguers La Atlántida (Atlantis) das Leitmotiv für die Entwürfe des Landgutes von Gaudís Mäzen Eusebi Güell i Bacigalupi in Las Corts de Sarria lieferte. Leider hat er sich dann nicht weiter vorgewagt als bis zu den Herkulessäulen. Das Plus Ultra war für Bassegoda das Non plus ultra. Es gibt aber mehr.

Einführung

Was führte mich zu der eigensinnigen Annahme, dass ausgerechnet die präkolumbische Architektur eine Rolle beim Entwurf des Komplexes des Landgutes Finca Güell spielte? In erster Linie gehe ich davon aus, dass der Einfluss, den die maurische Architektur auf Gaudís Werk gehabt hat, ein viel geringerer war, als allgemein angenommen wird. Wenn man überhaupt von Einfluss sprechen will, dann bezieht er sich eher auf Strukturen und Konstruktionsmethoden und weitaus weniger auf die dekorativen Elemente. Aber warum nun ausgerechnet die Maya-Architektur? Ich will versuchen, dies anhand von drei verschiedenen Gedankengängen zu erläutern. Dabei handelt es sich zunächst um den oben bereits genannten Artikel von Professor Juan Bassegoda Nonell von der Cátedra Gaudí in Barcelona. Zweitens geht es um die Literatur über die Maya-Architektur, und in erster Linie um solche, die zu Gaudís Zeiten in den Bibliotheken Barcelonas zugänglich war. Mein dritter Gedankengang bezieht sich auf verschiedene Aspekte in Bezug auf die Pabellones Güell, den Güell-Palast und El Capricho, bei denen der Einfluss der Maya-Architektur evident ist. Drei Gebäude also, die Gaudí beinahe gleichzeitig für die befreundeten Familien López y López und Güell i Bacigalupi realisierte.

Ausarbeitung

Ich komme jetzt zu meinem ersten Gedankengang zurück, zu Bassegodas Artikel: 'La Finca Güell de Pedralbes, Nuevo jardin de las Hespérides'.

In diesem Artikel erklärt und dokumentiert Bassegoda sehr genau, auf welche Weise ein Teil des berühmt gewordenen Epos vom katalanischen Dichter Mosén Jacint Verdaguer, La Atlántida, von Gaudí als Inspiration für den Entwurf des Eingangs zum Landgut der Güells benutzt wurde. Bassegoda schreibt: „Das Tier ist völlig imaginär, aber da wir die Liebe Don Eusebios für die Klassiker und Gaudís Interesse für Symbolik kennen, ist es nicht schwer, die Inspiration für die Komposition dieses originellen Gitters zu erraten."

Der Autor mag dies richtig erkannt haben, aber seine Erklärung ist nicht vollständig. Was ist hier los? Im Jahre 1876 beendet Verdaguer sein Werk La Atlántida auf einer seiner Reisen als Kaplan bei der Compañía Transatlántica. Diese Schifffahrtgesellschaft verkehrte zwischen Spanien und Mittelamerika. Sie war Eigentum des Schwiegervaters von Eusebio Güell, Antonio López y López und später von dessen Sohn Claudio López y Brú. Verdaguer beendete seinen Dienst als Schiffskaplan in dem Augenblick, da er von López y López gebeten wurde, Hauskaplan seiner Familie zu werden. In seinem Epos verwebt Verdaguer die griechische Mythologie, die spanische Geographie und eines der berühmtesten geschichtlichen Ereignisse Spaniens, nämlich die Entdeckung Amerikas durch Cristóbal Colón.

Zwei Figuren spielen in dem Gedicht, das aus mehreren Episoden besteht, die wichtigsten Heldenrollen: Herkules und Kolumbus. Verdaguer suggeriert, dass Kolumbus durch die Herkulessage zu seinen Taten angespornt wird: Kolumbus wird zu Herkules.

In Bassegodas Erklärung fehlt aber das neue Atlantis, um das es in den Pabellones eigentlich geht. Bassegoda beschränkte sich auf Herkules und vergaß Kolumbus. In dem, was Gaudí für das Landgut Finca Güell erdachte und baute, können wir jedoch drei Motive entdecken:

Erstens den Drachen und den Baum mit den goldenen Äpfeln (oder Apfelsinen) und die Hesperiden, die zu Sternen geworden sind; kurz die eigentliche Geschichte von dem Garten der Hesperiden. Dieses Motiv behandelte Bassegoda. Das zweite Motiv ist die spanische Architekturgeschichte. Das dritte ist die mittelamerikanische Architektur, so wie Gaudí sie über die Literatur kennen lernte.

Hiermit komme ich zu meinem zweiten Gedankengang: zur Literatur über die Mayas. In der Periode, in der Gaudí an den drei genannten Projekten arbeitete, könnte man die Publikationen mit Abbildungen zur Architektur und zur Bildenden Kunst der Mayas an den Fingern einer Hand abzählen. Keine der diesbezüglichen Publikationen war übrigens ins Spanische übersetzt worden. Ich nenne in diesem Zusammenhang:

a) Stephens, J. L.; Incidents of Travel in Yucatán, New York 1843; mit Zeichnungen von Frederick Catherwood

b) Brasseur de Bourbourg, C. E.; Histoire des Nations Civilisées de Mexique et de l'Amérique Centrale durant les Siècles anterieurs a Critobal Colomb, Paris 1857 bis 1859

c) Brasseur de Bourbourg, C. E.; Monuments Anciens du Mexique, Palenqué et autres ruines de l'ancienne civilisation de Mexique, Paris 1866

d) Charnay, D.; Cités et Ruines Amérique, Paris 1863

e) Humboldt, A. von; Pittoreske Ansichten der Cordillera und Monumente Amerikanischer Völker, Tübingen 1810 (auch spätere französische -Paris 1869- und spanische Ausgaben)

Im Buch von Stephen befinden sich im Anhang präzise Zeichnungen von Konstruktionsformen der Mayas. Die Ähnlichkeit mit verschiedenen Teilen in den Arbeiten Gaudís ist erstaunlich. Diese Konstruktionsart kommt zudem in keiner anderen Kultur vor. Eine Erstausgabe des Buches befindet sich in der Bibliothek der Escuela Técnica Superior de Arquitectura de Barcelona, an der Gaudí studierte.

Das unter c) genannte Buch von Brasseur de Bourbourg umfaßt einen (reichhaltigen) Schatz an farbigen Zeichnungen, die allerdings eher die Ikonographie als die Struktur zum Gegenstand haben. Obwohl ikonographische Ähnlichkeiten ein weniger stichhaltiger Anhaltspunkt für die Forschung nach der Herkunft von Gaudís Inspirationen sind, finden wir hier doch einige Hinweise dafür, dass Gaudí sowohl die Architektur als auch die Keramik aus diesem Buch für seine Schöpfungen zu Anfang der 80er Jahre verwendete.

Im Zusammenhang mit der damals zugänglichen Literatur können wir uns auf dasjenige beschränken, das in den Büchern von Charnay, Stephens und Brasseur de Bourbourg zu finden ist. Ich gehe dabei davon aus, dass für Gaudí hauptsächlich die Zeichnungen wichtig waren, da er ja nur Spanisch, Katalanisch und etwas Französisch beherrschte.

Verdaguer, la Atlántida und Gaudi

Für die zeitliche Bestimmung des Beginns von Maya-Einflüssen auf Gaudís Werk ist es wichtig zu wissen, zu welchem Zeitpunkt Gaudí Verdaguers Gedicht kennen lernte. Meines Erachtens kommen weder in den Entwürfen für die Cooperativa (Genossenschaft) Matoronense in Mataró und für die Casa Vicens, noch in der Zeichnung für den nicht gebauten Jachtpavillon Güell irgendwelche Elemente der Maya-Architektur vor. Wohl sind diese Elemente im Gartenpavillon der Casa Vicens, in El Capricho, den Pabellones und dem Güell-Palast zu erkennen. Geht man von dieser Tatsache aus, dann ist es wahrscheinlich, dass Gaudí erst in den Jahren 1883 bis 1884 auf die Idee gekommen ist, Maya-Elemente in seine Entwürfe aufzunehmen. Vorläufig aber ist die Vermutung richtig, dass diese Idee entwickelt wurde für die Finca Güell, von der später die Pabellones einen Teil bilden sollten.

Es ist bekannt, dass Mosén Jacinto Verdaguer im Jahre 1879 von Antonio López y López eingeladen wurde, um in dessen Kapelle täglich Messen zum Gedächtnis an seinen Sohn abzuhalten. Es ist möglich, dass Gaudí Verdaguer schon eher kannte, aber man kann sich auch vorstellen, dass ihr Treffen durch Zutun von Güell und López stattfand, also im Jahre 1879 oder danach. Durch die enge Beziehung zwischen Verdaguer, López und Güell, dem er Teile seines OEuvres widmete, scheint es logisch, dass Verdaguers Werk in einem Auftrag Güells oder seines Schwiegervaters Antonio verarbeitet wurde. Damit kommen das Casino und die Casa Vicens also nicht mehr in Frage. Wir können nun untersuchen, in welchen der oben erwähnten Gebäuden Elemente der Maya-Architektur vorkommen.

Güell-Palast

Vielleicht erstaune ich Sie, wenn ich nicht mit den Pabellones Güell, sondern mit dem Güell-Palast beginne: Das Thema des Herkules kam hier als Wandmalerei von Alejandro Clapés auf der den Ramblas zugekehrten Seitenwand dieses Stadtpalais von Eusebio Güell vor. Grund genug, mehr Elemente zu suchen, die durch La Atlántida oder die Maya-Architektur beeinflusst sind. Woran erkennen wir im Güell-Palast den Einfluss der Maya-Architektur? Da ist zum Beispiel die Detaillierung und Verzierung der Portale und ihrer Gitter.

Sie sind sehr auffallend, und ihre Hauptform zieht die Aufmerksamkeit auf sich. Im Allgemeinen nennt man diese Form parabolisch. Dies ist aber nicht ganz richtig, und noch weniger wäre es hier angebracht, von einer Kettenlinie zu sprechen. Erst in der Zeichnung vom 30. Juni 1886 für die Baugenehmigung erscheint diese Form. Der Vorentwurf zeigt noch eine ziemlich konventionelle Portalform komplett mit akzentuiertem Schlussstein.

Als ich mir das Buch von Bourbourg ansah, war ich sehr erstaunt über die Ähnlichkeit zwischen Gaudís Portalen mit den geschlossenen Gittern und der Abbildung von une modèle d'une terre cuite peinte, représentant un temple. Die Ähnlichkeit wird jedem sofort auffallen:

a) die Form des kleinen Gitters mit den abgeschrägten Ecken.

b) die Grundform und Detaillierung des Quetzalcóatl oder Kekulkan, der gefiederten Schlange, im Vergleich zu der konkav geformten Einfassung der Palastportale; genau wie die Oberlippe der Schlange zeigt die Portaleinfassung an ihrem höchsten Punkt einen Spalt. Es ist das erste Mal, dass Gaudí einen Bogen ohne Schlussstein entwirft. Später wird er dieses Thema in Astorga und León bei den Eingängen wiederholen und in der Sagrada Familia variieren.

c) die Ausfüllung der Öffnung mit Zähnen und Zunge, im Gegensatz zum eisernen Schmiedewerk mit Waffen und Schlangen, womit Gaudí an der ursprünglichen Öffnungsform doch festhält, hingegen jetzt nur als Durchgangsteil des Portals. Wir können sogar die Schlusssteine erkennen.

Dies alles kann nicht mehr, aber auch nicht weniger bedeuten, dass Gaudí die präkolumbisch-mittelamerikanische und speziell die Maya-Architektur studiert hat und (in diesem Fall) durch das prächtige Bilderbuch von Brasseur de Bourbourg hiermit in Berührung kam.

Ich will jetzt zunächst der Frage nachgehen, ob aus dem Innenausbau des Palastes von Güell weitere Hinweise für meine Hypothese abzuleiten sind. Erstens: die vorher erwähnte Spirale liegt genau unter der Kuppel des Gebäudes, die wie eine Art gewölbter Sternenhimmel das zentrale Element des Palastes formt. Diese Kombination findet man auch in Chichén Itzá im Caracol, einer Sternenwarte mit Wendeltreppe. Dies ist wiederum kein Beweis, allerhöchstens ein Hinweis. (Der Caracol kommt im zweiten Teil von Stephen's Buch auf Seite 298 vor).

Geht man die Rampe zum Souterrain hinab, dann trifft man da höchst merkwürdige runde und viereckige Säulen an, die aus Backsteinen hochgezogen sind. Es ist auffällig, wie sehr der Querschnitt dieser Säulen dem der Säulen aus der Maya-Kultur ähnelt. Das kommt durch dieselbe schräg hoch laufende Linie, zum einen der Gaudí-Kapelle, zum anderen der Maya-Gewölbe. Der Anschluss des Bogens an die Säule ist identisch: der Entstehungspunkt des Bogens liegt außerhalb der Säule; das ist charakteristisch für die Maya-Architektur. Hiermit sind wir dem Beweis, dass Gaudí die Maya-Architektur kannte und gebrauchte, am nächsten gekommen.

Einen weiteren interessanten Aspekt finden wir zudem im Entwurf der Fassade. Sowohl die Art der Stapelung der Steinblöcke, als auch die Form der Wassernasen könnten der Maya-Architektur entlehnt sein. Die Mayas verwendeten eine weiche Steinsorte, die man in Blockform sägen konnte. An der Luft erhärtete dieser Stein. So sieht auch der Stein vom Palast Güell aus. Dieser Stein wird in Garraf abgebaut, wo man in den Stollen von Güell über eine hochmoderne dreifache Bandsäge verfügte. Der Stein wurde also danach weder gespitzt noch poliert, noch in anderer Weise bearbeitet.

El Capricho

Es liegt nun weiterhin auf der Hand zu behaupten, dass der Einfluss der Mayas auch im Landgut El Capricho in Comillas, einstmalig im Besitz der Familie López und Güell, spürbar ist. Es handelt sich hier um ein Werk, das im Allgemeinen auf das Jahr 1883 datiert wird, direkt nach Vicens und vor den Pabellones Güell. Der Palast Güell kam dann danach. Der Auftrag wurde von einem Mitglied der Familie López oder von einem anderen angeheirateten Mitglied vergeben; wer das genau war, ist unklar geblieben.

Das Gebäude hat sich im Laufe der Zeit ziemlich verändert. Aufgrund der Veränderungen sind Irreführungen bei dieser kurzen Untersuchung nicht ausgeschlossen. Außerdem können viele Hinweise verloren gegangen sein.

Einen Hinweis allerdings enthält El Capricho noch immer, ich würde es sogar einen Beweis nennen. In den Pseudogewölben der Mayas wurden manchmal Holzstäbe verwendet. Obwohl manche Autoren der Meinung sind, dass diese Stäbe als eine Art Gardinenstange fungierten, meine ich dennoch behaupten zu können, dass sie in erster Linie dazu dienten, die Steinmasse aufrecht zu halten, bis das Gewölbe geschlossen war; eine Art Druckstab also, der eventuell als Zugstab funktionieren kann, sobald die Masse sich einmal gesetzt hat. Gaudí hat diese Doppelfunktion sehr gut begriffen. Die Form der Seitenwände bei der Dachhaube von El Capricho ist derartig, dass sie ohne Hilfsmittel unmöglich gebaut werden konnte, sie wäre umgefallen. Noch bevor dieses Moment einsetzen konnte, wurde eine eiserne Stange eingemauert. Sobald die Konstruktion oben geschlossen war, verlor die Stange diese Funktion. Wegen der gewählten Form und der damit verbundenen Last ist dann jedoch das Auftreten von Spreizkräften nicht ausgeschlossen, so dass derselbe Stab als Zugstab funktionieren kann. Eine sehr raffinierte Konstruktionsmethode von Gaudí (bei Stephens wird für diese Konstruktionsmethode keine weitere Erklärung gegeben).

Interessant an der Fassade von El Capricho ist noch, dass, wenn Sie ganz in Sandstein ausgeführt wäre, sie in vielerlei Hinsicht der Fassade des Güell-Palastes ähneln würde. So findet man sowohl bei den Fenstern, als auch bei den Portalen diese Form der Wanddurchbrüche wieder. Außerdem entnimmt man den Atlanten die auf besondere Weise entworfenen Konsolen, die in El Capricho mit Kacheln bekleidet sind und so ein hübsches geometrisches Muster bilden. Zusammenfassend: die einzige wirklich strukturelle Verbindung mit der Maya-Architektur findet man in El Capricho nur in den genannten Druck- oder Zugstäben.

Die Sagrada Familia

Da Gaudí 1883 an der Sagrada Familia zu arbeiten begann, kann es eigentlich nicht unglaubhaft sein, dass der Einfluss der Maya-Architektur auch Gaudís Opus Magnum geprägt hat. Obwohl wenig Grund zur Annahme besteht, dass in einem überaus christlichen Bauwerk Maya-Motive anzutreffen sind, kann man doch schwerlich anders folgern, als dass die Türme des Portals der Geburt die Gegenform darstellen zu den Wanddurchbrüchen, die Gaudí im Colegio Teresiano anwendete und dass diese von den Mayas herrührende Form sogar in hohem Maße die ganze Fassade des Portals der Geburt mit geprägt hat. Gaudí verband die konstruktiven und statischen Vorteile des Mayabogens mit dem gotischen Spitzbogen, und es gelang ihm auf diese Weise schließlich, zu einem völlig neuen architektonischen Konzept zu gelangen.

Die Pabellones Güell

Abschließend möchte ich noch etwas über den Komplex erzählen, der den Anstoß für meine Verknüpfung von Gaudí und der einheimischen mittelamerikanischen Architektur gab.

Die Pabellones Güell stellen in architektonischer Hinsicht eine fantastisch gelungene Mischung von drei Kulturen dar, die im Gedicht von Verdaguer La Atlántida eine Rolle spielen:
- die abendländische,
- die maurische,
- die atlantische (in diesem Fall die mittelamerikanische).

Auf welche Weise hat Gaudí diese drei Kulturen verarbeitet? Das Haus des Verwalters ist Gaudís Interpretation der mittelalterlichen Klosterküche, so wie man sie in den Büchern von Viollet-Le-Duc und Choisy illustriert antrifft. Die Ställe haben in ihren Diaphragmabögen eine typisch katalanische Überspannungsform, die wahrscheinlich von Kleinasien über die Mittelmeerinseln in Spanien eingeführt wurde. Die Reithalle dagegen stellt eine Wiederholung des Verwalterhauses dar. Man kann nur vage Vermutungen anstellen, warum Gaudí ausgerechnet diese Beispiele für das Grundkonzept der Pabellones Güell gewählt hat. Die Literatur über Gaudí gibt uns hierauf keine Antwort. Die Ansichten und ihre Detaillierung sind deutlich durch die Maya-Kultur inspiriert. Der hohe Sims, der wie im Stall auf einem verhältnismäßig niedrigen Sockel ruht, ist in zahlreichen Vorlagen aus der Maya-Kultur zu finden; das gilt ebenfalls für diverse Details der Verzierung - ihre formale Verwandtschaft ist direkt abzulesen. Form und Konstruktionsmethode von verschiedenen Wanddurchbrüchen liefern jedenfalls den Beweis für die Beziehung zu jener Architektur, die Stephens in Yucatán antraf und die Catherwood für ihn zeichnete. Die Zeichnungen, die Catherwood zu Stephens Beschreibung über Konstruktionsmethoden von Gewölben in der Maya-Architektur anfertigte, lassen keinen Zweifel an der Tatsache zu, dass Gaudí Stephens Buch gekannt haben muss und die Maya-Architektur als Anregung für sein Werk gebrauchte.

Zusammenfassung

Für Gaudís weitere Entwicklung ist die Bekanntschaft mit den Kraggewölben der Mayas sehr wichtig gewesen. Seine Suche nach der wahren (richtigen) Überspannungsmethode und der wahren (geeigneten) Form rich-

Abb. 245 Die Stadpforte von Labná, Yucatán

Abb. 246 Pabellones Güell. Fenster der Ställe

tete sich hier zum ersten Mal auf das Konzept der Parabel. Die Parabel, mit der er schon in seiner Studienzeit in Berührung kam und über die er zum ersten Mal im Jahre 1878 das Folgende schrieb: „Las catedrales, el arco de círculo en las bóvedas casi parabólicas,..".

Man sieht den zu extremer Höhe hoch gezogenen Maya-Bogen nach den Pabellones häufig wieder im Colegio Teresiano und im Missionsposten von Tanger; das Türmchen auf dem Güell-Palast und die Türme von der Sagrada Familia sind hiernach durch Spiegelung um die Längsachse geformt. Es ist sehr auffällig, dass weder im bischöflichen Palast von Astorga noch in der Casa de los Botines in León irgendein Einfluss zu finden ist. In den Bodegas Güell (das Haus des Verwalters) kehrt das Thema der Maya-Architektur zurück, manifestiert sich noch einmal im Pyramidendach von Bellesguard und in der Eidechse vom Park Güell. Aber dann hat Gaudí die strukturelle Lehre der Mayas schon längst hinter sich.

Gaudí und die Mayas Jan Molema

Sagrada Familia, eine Kathedrale für das 21. Jahrhundert

Das Projekt der Kirche Sagrada Familia, das Gaudí hinterlassen hat, ist durch eine Reihe von Umständen konditioniert. Es entstand als ein neugotischer Entwurf des Diözesanarchitekten Francisco de P. Villar und wurde von Gaudí weiter entwickelt. Zehn Jahre später, nachdem die Krypta vollendet war, ermöglichte eine unerwartete substanzielle Spende die Wiederaufnahme des Bauvorhabens mit erweitertem Umfang. Die Mittel waren so großzügig, dass Gaudí vorschlug, die Fassade der Geburt zu errichten, um auf diese Weise seiner Generation zu ermöglichen, diese fertig zu erleben. Danach, während des langen Zeitraums bis sich Gaudí ausschließlich dem Kirchenprojekt widmete, wechselte der Architekt von einer im Wesentlichen neugotischen formalen Lösung zu einem Entwurf, bei dem die Geometrie im Zusammenspiel mit dem Symbolismus und dem Kräftegleichgewicht des Tragwerks die zentrale Rolle spielt.

Gaudís Beobachtungsgabe hatte erkannt, dass die Regelflächen in der Natur vorhanden sind und Merkmale aufweisen, die es für tragende Zwecke auszunutzen galt. So verließ Gaudí das Paraboloid als Hauptflächenelement, um sich auf die Verwendung von Rotationshyperboloid und Schraubfläche zu konzentrieren. Ohne das Tragwerkskonzept aufzugeben, begab er sich auf die Suche nach den geometrischen Möglichkeiten, die ihm bei der Entwicklung einer neuen Architektur zur Verfügung standen. Bei dieser sollten die Modularisierung und die geometrischen Formen allgegenwärtig sein.

Ausgehend vom Grundriss, bei dem das Joch von 7,5 m die gesamte Komposition gliedert, zog er es vor, die Modulmaße des Langhauses, des Querschiffs und der Vierung beizubehalten und verzichtete darauf, die Achsen der bereits gebauten Krypta zu bewahren, sowohl im Grund-, als auch im Aufriss und Schnitten. Die Vielfachen dieses Grundmaßes von 7,5 m finden sich in verschiedenen Maßsequenzen, die sowohl Gesamt- als auch Einzelmaße der Kirche umfassen.

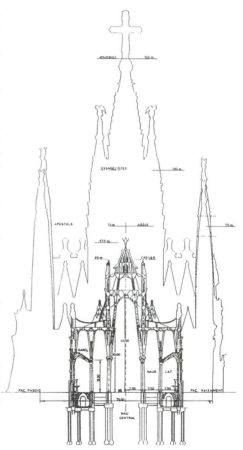

Abb. 248 Querschnitt durch das Hauptschiff

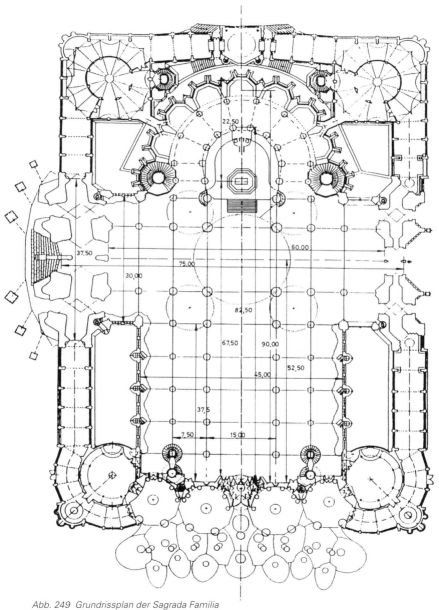

Abb. 249 Grundrissplan der Sagrada Familia

1/12	2/12	3/12	4/12	5/12	6/12
7,5	15	22,5	30	37,5	45

7/12	8/12	9/12	10/12	11/12	12/12
52,5	60	67,5	75	82,5	90

Er nutzt auch die Geometrie, um eine neuartige Säule zu entwickeln. Gaudí war der Meinung, dass ein architektonisches Werk einen lebendigen Ausdruck haben müsse. Lebendigkeit drückt sich durch Farbe und Bewegung aus. Farbe zu verwenden war einfach, ein Bauteil, das statische Wirkung zu verdeutlichen hat, mit Bewegung auszustatten, erwies sich hingegen als schwierig.

In der Architekturgeschichte hatte die salomonische Säule diese Herausforderung teilweise gelöst. Gaudí gab nicht auf, und ihm gelang nach zwei Jahren etwas Außerordentliches.

Ausgehend von der Verschneidung zweier gegenläufiger Schraubflächen, die in einer gemeinsamen polygonalen Schnittfläche ihren Anfang nehmen, entwickelte er zwei aufsteigende Kanten, die sich kontinuierlich verzweigen und schließlich in einen Kreis übergehen.

Die Verschraubung findet in bestimmten Höhen und Winkeln statt, die im Fall der achteckigen Säule, an welcher er seine erste Studie vollzog, wie folgt festgelegt sind (bei einer Gesamthöhe H und einem Vieleck mit n Seiten erreicht man den Kreis a bei einer Höhe in Metern von):

$H = n + n/2 + n/4 + n/8 + n/16 + n/32 \ldots = 2n$

Was auf das Achteck bezogen ergibt:

$H = 8 + 8/2 + 8/4 + 8/8 + 8/16 + 8/32 + \ldots$
$= 2 \times 8 = 16$ m

Die Drehungen erfolgen bei:

$22°30' + 11°15' + 5°37,5' + 2°49' + 1,24°30' \ldots$
$= 45° = 360°/8$

Die verschiedenen Säulen, die auf Bodenhöhe der Kirche ansetzen, entsprechen Polygonen mit einem eingeschriebenen Durchmesser, der sich aus einer Reihe mit Basis 35 cm ergibt. Dies entspricht gleichzeitig einer Reihe mit Basis 210 geteilt durch sechs. Die Maße dieser Kreise sind überliefert und veröffentlicht worden vom letzten Assistenten Gaudís F. de P. Quintana.

1 Quadrat	1 Fünfeck;	2 Dreiecke/ Sechseck
35 + 35 =	70 + 35 =	105 + 35 =
1/6	2/6 = 1/3	3/6 = 1/2

2 Quadrate/ Achteck	2 Fünfecke/ Zehneck	3 Quadrate/ Zwölfeck
140 + 35 =	175 + 35 =	210
4/6 = 2/3	5/6	6/6 = 1

Als Stützung der Gewölbe wählte Gaudí ein Baumsystem, also die Verzweigung und Vervielfältigung der Säulen zunächst an einer Art Knoten oder Kapitell, weiter oben dann sich

90	75	60	45	30	15	7.5	3.75	1.875
Length of naves	Height of vaults apse	Height of vaults crossing and width of transept	Height of central nave and width of nave	Height of sides aisles and width of transept	Intermediate columns nave height of choir and width of central nave	Inter. columns nave	Inter. columns apse	Height of capital choir

unmittelbar in zwei, vier, fünf Zweigen aufgabelnd, je nach Bedarf, entsprechend den zu stützenden Gewölbeabschnitten.

Auf diese Weise erreichte er etwas sehr Wesentliches, der Natur Eigenes, indem er nämlich Unstetigkeiten (formale Brüche) vermied, die in allen Architekturstilen stets schwer zu lösende Probleme aufgeworfen haben. Ähnlich wie beim Knochen das vertikale Element, das in der Regel einem Zylinder ähnelt, an den Gelenken in ein Hyperboloid übergeht, war ein kontinuierlicher Übergang vom stützenden Element, der Säule, zu den gestützten Elementen, also den Gewölben, möglich.

Diese konnten ferner aus diversen sternförmigen Verschneidungen zusammengesetzt werden, indem diese den geradlinigen Erzeugenden folgen und dabei eine Kombination von hyperbolischen Paraboloiden und Hyperboloiden diverser Durchmesser mit anderen Neigungen als ihre Achsen generieren. Dies ist an den Gipsmodellen im Maßstab 1:10 ablesbar, welche heute bereits realisierte Gebäudeteile darstellen. Diese Formenwelt strahlt Harmonie und eine unbeschreibliche Schönheit aus, die nur ein genialer Künstler schaffen kann.

Die gesamte Kirche orientiert sich folglich an einem einfachen Modulsystem, das auf den Bruchteilen und Vielfachen von 12 aufbaut:

1	11/12	5/6	3/4	2/3	7/12	
12	11	10	9	8	7	
90	82,5	75	67,5	60	52,5	*
210	192,5	175	157,5	140	122,5	**
180	165	150	135	120	105	***

Series	12	10	9	8	7	6	5	4	3	2	1
Inter-axis	90	75	67.5	60	52.5	45	37.5	30	22.5	15	7.5
Fractions	1	5/6	3.4	2/3	7/12	1/2	5/12	1/3	1/4	1/6	1/12
Ø	210	175	157.5	140	122.5	105	87.5	70	52.5	35	17.5
Nomenclature	Column 12	Column 10	Choir	Column 8	Evangelist	Column 6	Nave	Aisle	Cloister		
	210	-35= 175	-35=	140	-35=	105	-35=	70	-35= 35		
	6/6	5/6		4/6		3/6		2.6	1.6		
	③	②		②	①	②	①	①	①		
Hyperboloids Ø	180	150	135	120	105	90	75	60	45	30	15
Knot ellipsoid 8	360	300	270	240	210	180	150	120	90	60	30
Knot ellipsoid 10	450	375	337.5	300	262.5	225	187.5	150	112.5	75	37.5
Knot ellipsoid 12	540	450	405	360	315	270	225	180	135	90	45

1/2	5/12	1/3	1/4	1/6	1/12	
6	5	4	3	2	1	
45	37,5	30	22,5	15	7,5	*
105	87,5	70	52,5	35	17,5	**
90	75	60	45	30	15	***

*   Achsabstand in m
**   Säulendurchmesser in cm
***   Durchmesser Hyperboloidkranz

Dieses Modulsystem, das die aus Geraden hervorgegangenen geometrischen Formen miteinander verknüpft, zeigt Gaudís titanische Anstrengung, eine neue Architekturform mit den knappen verfügbaren Mitteln zu entwickeln. Heute fällt dies dank der Informatik leichter.

Im Laufe der langsamen Entwicklung dieser Lösungen spielt auch die unverhoffte Chance eine entscheidende Rolle, die Eusebi Güell ihm bot, als er ihn mit dem Entwurf der Kapelle für die Arbeitersiedlung Santa Coloma de Cervelló beauftragte. Gaudí experimentierte mit diesen Oberflächen bis zu den Grenzen ihrer Möglichkeiten und entwarf ein ausbalanciertes Tragwerk, das unsere holländischen und deutschen Freunde so erfolgreich am Lehrstuhl Frei Ottos in Stuttgart nachbauten: "Ohne den großmaßstäblichen Versuch an den verschlungenen Formen, den Schraubflächen der Säulen und den Paraboloiden der Mauern und Gewölbe, den ich in der Colonia Güell durchführte, hätte ich es nicht gewagt, sie an der Kirche Sagrada

Die Sagrada Familia im 21. Jahrhundert Jordi Bonet i Amengol

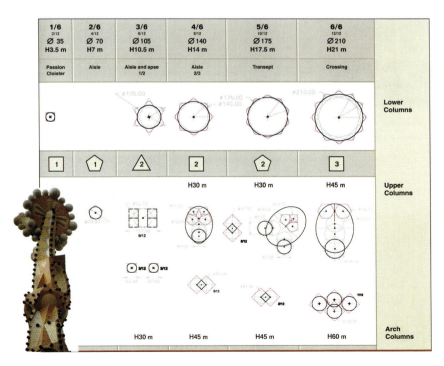

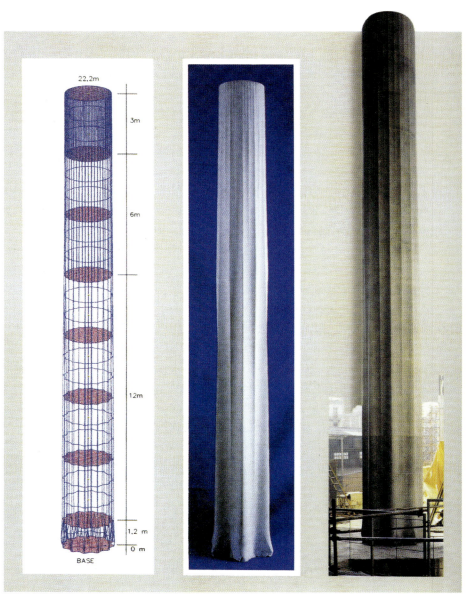

Abb. 250 Darstellung der Zwölfeckigen Stütze als computermodell, Gipsmodell und als ausgeführtesBeispiel

Familia zu verwenden. Dieses Werk war also der Vorversuch zur neuen Architektur." (Bg, HO. 103).

Es verwundert nicht, dass er sagte: "Die Grundlage jeder Rationalität ist der Dreisatz, das mathematische Verhältnis, die Schlussfolgerung. Der Mensch muss sich mit diesen Mitteln behelfen: zunächst glaubt man eine Gewissheit zu haben, um dann doch eine andere zu finden, die als Ausgangspunkt dient. Erst vollzieht er einen Schritt, dann den nächsten. Eine Aufgabe mit vielen Unbekannten muss schrittweise gelöst werden. Der Mensch stützt sich auf die Kenntnis zweier Vorgaben, um sie miteinander zu vergleichen und dann ein Verhältnis zwischen zwei Unbekannten zu ermitteln; dies ist die Proportion: *a* verhält sich zu *b* wie *c* zu *d*" (M. GSF, 61-2)

Gaudí löste auch das Problem der Verzweigung. Eine Säule geht in zwei über, indem aus einem sternförmigen Achteck aus zwei zueinander verdrehten Quadraten sich zwei symmetrische Äste entwickeln, die jeweils aus den sich entflechtenden Quadraten entstehen. Der im sternförmigen Achteck des Säulenfußes eingeschriebene Kreis verwandelt sich oben in zwei Kreise, die mit den Hyperboloidkränzen der Gewölbe übereinstimmen.

Gleiches geschieht auch bei der Verzweigung in vier Säulen, welche die Gewölbe stützen: Sie entstehen aus einem Quadrat, das nach dem gleichen Erzeugungsgesetz in ein Rechteck übergeht, wobei sich der Kreis am Säulenansatz verdreht. Und noch überraschender: Verzweigungen aus der Verschmelzung von Quadrat und Fünfeck mit der gleichen Seitenlänge von 52,5 cm. Die eingeschriebenen Kreisdurchmesser behalten die gleichen Proportionen.

An den maßstäblichen Originalmodellen Gaudís sind unter Berücksichtigung der angewandten Erzeugungsgesetze sämtliche Kombinationen erkennbar. Einige sind in diesen Modellen aus seiner eigenen Hand überliefert, andere mögen wohl in seinem privilegierten Geist entstanden sein, jedoch wegen seines frühzeitigen Todes niemals das Licht der Welt erblickt haben.

Die digitalen Zeichnungen all dieser Elemente stellen die Möglichkeiten der Geometrie unter Beweis. Es handelt sich um rein geometrische Herleitungen, fast ohne Fehlerquellen; eine systematische Generierung, die eine solche Formenvielfalt ermöglicht, war bis dato unbekannt; dies trifft sowohl auf die Säulen, als auch auf die Gewölbe zu. Es ist geboten, die Einbildungskraft des Meisters zu würdigen, der sich nicht nur die Räume und Volumina vorstellte, sondern auch die Methoden ersann, die es ermöglichten diese zu verwirklichen.

Diese neue Architektur ist grafisch nur schwer darzustellen, weshalb man sich mit Modellen in den Maßstäben 1:10 und 1:25 behalf, die man zu Studienzwecken nutzte und anschließend den Förderern präsentierte, die mit ihren Spenden den Weiterbau der Kirche ermöglichten.

Leider sind am 20. Juli 1936 sämtliche Pläne des Ateliers von Gaudí revolutionären Umtrieben beim Ausbruch des Bürgerkriegs zum Opfer gefallen. Nur einige Modelle überstanden —wenngleich beschädigt— den Krieg und wurden anschließend geduldig restauriert. Seinen direkten Nachfolgern, Quintana, Puig i Boada sowie Bonet i Garí, kann wegen ihrer Bemühungen und der Bedeutung ihrer Tat nicht genug gedankt werden.

Das modulare und geometrische Grundgerüst des Entwurfs, die Wege,

267

die Gaudí bei der Gestaltfindung beschritten hatte, waren jedoch zunächst verschollen. Domènech Sugrañes, sein direkter Nachfolger, starb im März 1938, verbittert weil er glaubte, alles sei verloren. In Manuskripten, die unlängst in seinem Archiv auftauchten, findet sich ansatzweise eine Herleitung dessen, was wir dann nach eingehenden Untersuchungen enthüllen konnten. Dies belegt die Richtigkeit unserer Hypothesen.

Aus der Kenntnis der Modulordnung und der geometrischen Erzeugungsgesetze, aus denen sich das von Gaudí ersonnene Tragwerk herleitet, ist es nun möglich, aus den erhaltenen Skizzen und Zeichnungen auf die Vorstellungen des Meisters Rückschlüsse zu ziehen. Diese entsprangen einem überlegten System, das nur durch äußerste Hingabe und sorgfältige Forschungsarbeit entstehen konnte. Die aufgezeichneten Angaben und die wenigen Zeichnungen sowie Originalmodelle, über die wir verfügen, erlauben uns den Weg zu vollenden, den er selbst nie zu beschreiten vermochte.

Für die gegenwärtige Arbeit boten das Langhaus und das Querschiff, die er noch eindeutig festlegen konnte, den Ausgangspunkt, um die gleiche Modulordnung und geometrischen Gesetze auf den Entwurf der Vierung und der Apsis zu übertragen. Zweifellos fehlt die exakte Form des Übergangs dieser neuen Architektur zu den neugotischen Elementen der Apsis und der zugehörigen Kapellen, wie Gaudí ihn konzipiert hätte. Mit dieser Frage beschäftigen wir uns zur Zeit. Die möglichen Fragestellungen im Zusammenhang mit der Lösung des Übergangs von der Innenseite der Fassade der Geburt zur neuen Architektur des Langhauses konnten dank des glücklichen Funds einer Innenaufnahme des Modells im Archiv von Sugrañes gelöst werden. Gaudí ging davon aus, die gebauten neugotischen Teile zu entfernen. Wir haben nicht gewagt, so weit zu gehen, aber diese Zusatzangaben haben uns erlaubt, die gewählte Lösung für das Querschiff zu bestätigen. Dieser Entwurf, den wir aus der Anwendung Gaudís theoretischer, rationaler Überlegungen aus unserer Sicht herleiteten, stimmt mit dem der Aufnahme des Originalmodells überein.

Wir konnten bis heute vielfältige Probleme lösen und dank der Informatik gelangen uns große Fortschritte beim Zeichnen sowie beim Bau von reduzierten und originalmaßstäblichen Modellen der Vierung und des Mittelteils der Apsis. Die Fassade der Herrlichkeit, zu der eine Originalstudie von Gaudí vorliegt, folgt der gleichen Modulordnung, und man hat mit der Restaurierung des erhaltenen maßstäblichen Modells begonnen.

Zu den Sakristeien liegen bereits weit fortgeschrittene statische Berechnungen vor. Es ist jedoch erforderlich, sich mit der Materialwahl auseinander zu setzen. Gaudí beschäftigte sich bereits mit dieser Frage, doch er wollte zunächst mit dem Bau beginnen, um an Hand der Erfahrungen die endgültige Lösung für den Jesus Christus geweihten Vierungsaufsatz festzulegen, der in 170 m Höhe das Kreuz des Kirchengrundrisses krönen sollte.

Die definitive konstruktive Lösung für die der Heiligen Mutter Gottes geweihte Turmnadel, welche die Apsis krönen wird, ist eine der schwierigsten Herausforderungen, vor denen wir stehen. Es kommt noch hinzu, dass die bereits gebaute Krypta, auf der die Kirche lastet, Einschränkungen aufweist, die wir noch nicht ausreichend gut kennen. Sie wurde ja bereits nach dem Projekt von Villar realisiert, noch bevor Gaudí sich entschloss, in seinem Gegenentwurf den Maßstab und die Höhe des Kirchenbaus wesentlich zu vergrößern.

Es bleiben noch die der Taufe und Eucharistie geweihten Kapellen beiderseits der Fassade der Herrlichkeit. Wir wissen, dass sie umgeben sind vom Kreuzgang, der ausreichend definiert ist, aber zu ihrem Bauvolumen und den Details liegt nur eine Skizze vor.

Der deutliche Anstieg der eingehenden Spenden ist unverkennbares Anzeichen für den Wunsch seitens der Glaubensgemeinde und der Förderer der Kirche, die Bautätigkeit fortzusetzen. Dies erlaubt, den Bau zügig voranzutreiben.

Folglich erscheint es denkbar, die gesamten Gewölbe der Kirche in etwa sechs bis sieben Jahren zu vollenden. Dann wäre es möglich, den Innenraum der Kirche so zu erleben, wie Gaudí es erträumt hatte.

Weiterhin kann die Sakristei in wenigen Jahren fertig gestellt werden.

Abb. 252 Grundrissplan der Sagrada Familia

Derweil werden die vier Turmaufsätze der Evangelisten, welche die Vierung umgeben, errichtet. Der Bauvorgang wird voraussichtlich schwierig, da mit steigender Höhe sich auch die konstruktiven Probleme verschärfen. Dieser Aufgabe werden sich die Architekten der nächsten Generation stellen müssen. Meines Erachtens wird die Fassade der Herrlichkeit, zusammen mit den Seitenkapellen, erst zum Schluss realisiert werden.

All dies kann nur deshalb geschehen, weil es Gaudí gelang, eine allgemeine Leitlinie zu entwickeln und –meiner Meinung nach gezielt– seinen Nachfolgern als Handlungsanweisung zu hinterlassen, obgleich er ausreichend Freiraum für neue Beiträge offen ließ.

Das bedeutende architektonische Erbe Gaudís beruht darin, neue Wege in der systematischen Anwendung von Regelflächen sowie von modularisierten und immer wiederkehrenden geometrischen Proportionen und Maßen aufzuzeigen. Es mag überraschen, aber dies deckt sich mit den Gesetzen des Gleichgewichts der Kräfte, in deren Rahmen die natürlich inspirierten geometrischen Formen in ihrem Zusammenspiel noch weiter getrieben werden können, als es Gaudí zeit seines Lebens vermochte.

Welche außerordentliche Vielfalt an Kombinationsmöglichkeiten von Formen, die der Geraden entspringen! Die geometrisch untermauerte konzeptionelle Klarheit und das beispiellose räumliche Vorstellungsvermögen Gaudís ruft heute sogar noch größere Bewunderung hervor, nachdem diese weniger bekannte Seite seines Genius enthüllt wurde.

Abb. 253 Untersicht des Hauptschiff der sagrada Familia

Gaudí und die Urbilder moderner Architekturform

Würde man ein Liste mit denjenigen Architekten aufstellen, die dem Laienpublikum am besten bekannt sind, würde Gaudí zweifellos einen der ersten Plätze einnehmen. Seine auf den ersten oberflächlichen Blick scheinbar bunten, verspielten und stark plastisch durchgeformten Bauwerke gehören zum Standardrepertoire des Barcelona-Tourismus. Diese begeisterte populäre Vereinnahmung seines Werks hat zusammen mit seiner abschätzigen Bewertung durch die klassische Architekturtheorie um Pevsner dazu geführt, dass in Fachkreisen sein Name oft mit einem gewissen Schmunzeln über die Lippen geht.

Dies ist eine krasse Fehleinschätzung. Seine Bedeutung als Architekt verdient ins rechte Licht gerückt zu werden, wozu dieses Symposium einen Beitrag leisten möchte. Sein Werk gibt vielfältige Antworten auf die Frage, aus welchen Quellen Architektur entstehen kann, eine Frage, mit der wir uns selbstverständlich auch heute beschäftigen, und die in diesem Beitrag näher beleuchtet werden soll.

Rational gegen Expressiv

Das augenfälligste Merkmal der Architektur Gaudís, und das naturgemäß am ehesten von der populären Aufmerksamkeit erfasst und vereinnahmt wurde, ist die visuelle Ausdruckskraft seiner Bauwerke. Sie vermittelt sich durch starke Farbigkeit, ausgiebige Verwendung von farbigen Keramikfliesen und anderen glasierten Teilen in auffälligen Mustern, das Spiel mit biomorphen Formen, wie seine Drachenfiguren, seine fließenden *Leberformen*, die vegetabilen und floralen Motive; ferner durch das Spiel mit geschwungenen Formen, mit Volumina, mit dem Licht und dem Schatten, die sich an ihnen brechen und modulieren; weiterhin durch die Symbolik, die Anspielungen auf die christliche Mystik sowie auf lokale katalanische Motive.

Sein Werk in den Jugendstil des ausgehenden 19. Jahrhunderts einzuordnen liegt deshalb zunächst nahe; es lässt sich seiner katalanischen Variante des europäischen Jugendstils (dem *Modernisme,* einem Pendant zu *Art Nouveau* oder *Sezession*) zuordnen. Doch sein Werk erschöpft sich nicht in dieser Dimension:

Anders als andere Jugendstilarchitekten, die oft etwas boshaft als *Dekorateure* tituliert werden, weil sie zumeist Innenausstattungen aber wenige Gesamtgebäude entworfen haben, und wenn, dann mit einer seltsam *collagierten* Gestalt mit Anklängen an den Gründerzeit-Historismus, zeigt Gaudí insbesondere in seinen Spätwerken eine bemerkenswerte Einheit zwischen dem formalen Ausdruck und dem *Konzept* oder der Grundkomposition des Gebäudes. Trotz aller formalen Extravaganz wirken seine Bauten meistens wie aus einem Guss. Wenn auch einige seiner frühen Werke Merkmale der Collagetechnik, ein bewusstes Aufbrechen und Koterkarieren eines Grundschemas erkennen lassen (Casa Vicens, Bellesguard), wo er mit Asymmetrien, Brüchen, Gegeneinandersetzen von Unterschiedlichem, gewissermaßen *eklektisch* arbeitet, entwickelt sich seine Architektur immer mehr zu einem Punkt, in welchem die plastische Ausdruckskraft nicht mehr lokal gestaltender Willkür, sondern einem formalen, geometrischen und konstruktiven *System* entspringt, das sämtliche Teile des Gebäudes ordnet und durchdringt (Casa Milá, Sagrada Familia).

Ein weiteres wesentliches Unterscheidungsmerkmal gegenüber anderen stilistisch verwandten Architekten ist die *konstruktive Logik*, die den meisten seiner Bauten zugrunde liegt. Diese ist Thema mehrer Beiträge dieser Veranstaltung und soll hier im Einzelnen nicht erneut behandelt werden. Das Werk Gaudís zeichnet sich insbesondere dadurch aus, dass die Form nicht zuungunsten der *Art wie sie realisiert wird* (hierzu gleich Näheres) im Vordergrund steht, sondern in der Regel aus statisch extrem leistungsfähigen, formal für den Zweck der Lastabtragung folgerichtigen Tragwerken abgeleitet ist. Diese bleiben dabei oftmals sichtbar und liefern die Grundlage für die plastische Gestalt der Bauform. Diese komplexen Formen haben keine versteckten krückenartigen Hilfsmittel, sondern sind aus der Kraftabtragung selbst hergeleitet und arbeiten mit einer verblüffenden Materialökonomie.

Angesprochen sind hier einerseits die parabolischen, zumeist deutlich überhöhten gemauerten Bögen, die zu seiner Zeit zwar bereits theoretisch fundiert waren, in solcher Konsequenz allerdings keine Verwendung gefunden hatten. Anderseits sind die *katalanischen Gewölbe* zu nennen, die einer langjährigen Tradition aus dem Mittelmeerraum entspringen und vielfältige dünne Schalenformen hervorgebracht hatten. Bogen und Schale waren in ihrem Tragverhalten auf die verwendeten Materialien Stein und Ziegel perfekt zugeschnitten und es existierten damals in Katalonien zahlreiche geschulte und erfahrene Handwerker, die diese Technik souverän beherrschten. Gaudí nutzt ausgiebig das Gestaltpotential dieser Elemente, das in ihrer deutlichen *Krümmung* verborgen liegt.

Sie ist der Bauweise gleichsam bereits inhärent und stellt die *Grundlage für deren Steifigkeit* dar.

Gaudís Werk nimmt eine eigentümliche Mittelstellung zwischen zwei fundamentalen Strömungen der Architektur sowie des gesamten Kunstschaffens aller Zeiten ein, die nach einer Formulierung von Pevsner bezeichnet werden können als eine *rationale* und eine *expressive* Grundströmung. Sie können wie zwei extreme Positionen angesehen werden, deren essenzielle Leitmotive zu beschrieben sind als: klassische Ruhe, Selbstbeschränkung, Askese, Wirken der Elementarformen aus sich heraus bei der *rationalen* Strömung; Spiel mit Formen, starke Plastizität, Ausdruck, federnde Dynamik, Symbolik bei der *expressiven* Variante. Die Entwicklung der Architekturstile kann als eine Pendelbewegung vom einen zum anderen Extrem betrachtet werden. Zeitweise sind sie nebeneinander anzutreffen, wie in unserem gegenwärtigen Architekturschaffen.

Beide Pole sind bei der Entwicklung der *modernen Architektur*, deren Leitgedanken und Postulate im Wesentlichen noch heute allgemein anerkannt werden, präsent. Sie standen sich in Form von Architekturstilen oder –tendenzen, wie dem Rationalismus oder dem Expressionismus, meist unversöhnlich gegenüber und sind als Positionen in einer Debatte über die Frage anzusehen, die uns auch heute beschäftigt: nämlich aus welchen Quellen Architekturform zu entspringen hat und welche Bedeutung sie für uns hat.

Das Rationale

Die klassische Moderne, die vor etwa 80 Jahren antrat unter dem Leitmotto der *Neuen Sachlichkeit*, bestimmt noch heute die Grundhaltung eines guten Teils des zeitgenössischen Architekturschaffens. Die Ideologie der Besinnung auf die elementaren Formen und die kubisch-prismatischen Baukörper entstand als Gegenreaktion zu den Exzessen der Architektur des ausgehenden 19. Jahrhunderts und verstand sich als Antwort auf die damals bereits vorherrschenden Produktions- und Gesellschaftsverhältnisse des so genannten *Ersten Maschinenzeitalters*. Dieses Credo bevorzugte die konstruktiven *Urelemente* der vertikalen Stütze und des horizontalen Balkens, bzw. die flächige Entsprechung: die flache Mauerscheibe und die Deckenplatte.

Daneben bestand das unantastbare Dogma der Ornamentlosigkeit, ein Grundmerkmal moderner Architekturtendenzen, die nicht nur die rationale Strömung wie selbstverständlich kennzeichnet, sondern merkwürdiger Weise auch die expressive: Das Fehlen eines echten Ornaments – also eines nicht (wie bei der Postmoderne) ironisch relativierten oder mit einer Alibi-Funktion versehenen – bei jeglicher moderner expressiver Architektur legt den Gedanken nahe , dass wir es beim modern-expressiven Formwillen mit einer Kompensationshaltung zu tun haben, die *Nahrung für das Auge* bietet: jedoch nicht mit dem Ornament, das ja eine Arabeske um ihrer selbst willen oder allenfalls mit einem semantischen Zweck ist – aber leider nicht verwendet werden darf –, sondern aus einer *sublimierten* Haltung heraus, indem gewisse Elemente – in der Endkonsequenz die Architekturform selbst oder deren Tragwerk als formbestimmendes Subsystem – plastisch durchgeformt werden *als wären sie Ornamente*.

Vereinzelt ist die rationale Moderne über ihren eigenen Schatten gesprungen wenn es galt, große Spannweiten zu überbrücken oder besonders materialökonomisch vorzugehen. Dort ist das System der rechtwinkligen Geometrien aus Stützung und Balken (oder Scheibe/Platte) praktisch unbrauchbar, weil statisch viel zu ineffizient als vorwiegend auf *Biegung* arbeitendes System. Die Folge waren dann *gekrümmte* Systeme (druck- oder zugbeansprucht) basierend auf der Lastabtragung entlang der Stütz- oder Seillinie. Davon wird später noch zu sprechen sein.

Es ist also festzuhalten, dass auch heute noch, nach verschiedenen Wandlungen und Erneuerungen im Laufe ihrer fast 100-jährigen Geschichte, die moderne Architektur insbesondere in ihrer rationalen Spielart das Leitparadigma für die meisten Architekten darstellt und auch maßgeblich die formale Gestaltung von Bauwerken bestimmt. Weiterhin, dass ihr die Ästhetik des primären Kubus zugrunde liegt, die ursprünglich aus den Verhältnissen der frühen Industrialisierung entsprang, ein Abbild des *Ersten Maschinenzeitalters* mit seinen Stahlwerken, Hochöfen, Kraftwerken, und die mit dem Gedanken der *Serie* eng verwoben ist, also der Wiederholung eines immer gleichen Grundelements im Ordnungsmuster eines strengen orthogonalen Rastersystems. Ferner sticht ins Auge die auffällige *statische Ineffizienz* der Systeme Stütze/Balken (ehedem das System *Dom-ino* von Le Corbusier, heute die punktgestützte Flachdecke), deren prädestinierte Domäne allenfalls der rationalisierte Geschossbau ist, wo ihm eine gewisse Effizienz zumindest in nutzungstechnischer Hinsicht bescheinigt werden kann.

Das Expressive

Die Gegenreaktionen zu dieser Diktatur der klassischen Moderne setzten frühzeitig an in Form *expressionistischer* und *organischer* Tendenzen (Mendelsohn, Häring, Taut) und ihre Entwicklung kann nahtlos durch die gesamte Geschichte der modernen Architektur(en) verfolgt werden. Sie verstanden sich oft als Gegenpol zur rationalen Tendenz, als oppositionelle Strömungen, die eine eher *verneinende* oder *sich verweigernde* Grundhaltung vertreten. Innerhalb der letzten 30 Jahre sind Bewegungen zu nennen wie die Postmoderne: im eigenen Verständnis die Überwindung der verbrauchten modernen Dogmen der *Wahrhaftigkeit* und Übereinstimmung zwischen Form und *Wesen* der Architektur. Oder der Dekonstruktivismus, eine Uminterpretation einer philosophischen Theorie, der die Dynamik aus dem explosionsartigen Zerstören primärer Ordnungen thematisiert. Beiden Strömungen ist der lustvolle Umgang mit Formen gemeinsam, sei es im Spiel mit Bedeutungen und (historischen) Referenzen wie bei der Postmoderne, sei es wie beim Dekonstruktivismus allein um der Lust an komplexen Formenkompositionen willen unter Vorhaltung einer konstruierten *Mikado-Theorie* der Fragmentierung der Zivilisation. Ebenfalls beiden gemeinsam ist die spöttische Missachtung jedes konstruktiven Einflusses auf die Entstehung von Formen, es sei denn als *Stein des Anstosses*, dessen Grundregeln es genüsslich und provokant zu zerschlagen gilt. Beiden kann ein eklatanter *Antirationalismus* attestiert werden.

Aus konstruktiver Sicht waren die meisten expressiven Tendenzen (Böhm, Scharoun) in gebauter Form allein dem Vorhandensein des Werkstoffs Beton zu verdanken, dessen Anpassungsfähigkeit und Vielseitigkeit das oft *untektonische* Spiel mit Formen überhaupt erst ermöglichte.

Die Konstrukteure

Eine gewisse Ausnahmeerscheinung jenseits der verfeindeten Lager der Puristen und Formalisten, gewissermaßen eine *dritte Strömung*, bildeten die Pionier-Konstrukteure der Moderne und ihre Nachfolger, die im Alleingang die auch entwurflich-formalen Möglichkeiten neuartiger Konstruktions- und Architekturformen erforschten. Dazu gehören die Schalenbauer und mehrere Konstrukteure von zugbeanspruchten Flächentragwerken. Abseits des ideologischen Streits beider Lager entwickelten sie neue Formen in der *Grauzone* zwischen beiden Bewegungen: rational fundierte, statisch-konstruktiv effiziente Tragwerke, die sich mit auffälligen Formen, plastisch betonter und teils bizarrer Gestalt präsentierten. Sie bezogen ihre Tragfähigkeit und statische Effizienz gerade aus ihrer *Nicht-Orthogonalität*, und aus ihrer *Krümmung*.

Diese Konstrukteure lagen stets jenseits des Diskurses über Stilformen und Zeichenhaftigkeit der Architektur. Sie verstanden sich als Ingenieur-Architekten und gaben sich gerne als *Nicht-Gestalter*, also als solche, die nicht aktiv nach subjektivem Kriterium Architekturform schaffen, sondern die nur zusehen wie sich ausdrucksstarke, komplexe und anspruchsvolle Form *unter ihren Augen von alleine bildet*, einzig dank der Anwendung *richtiger* Entwurfsprinzipien, die sich vornehmlich an der Lastabtragung orientieren.

Gaudí: ein Architekt an der Schwelle zur Moderne

Aus dieser Perspektive erscheint Gaudís Werk deshalb besonders interessant, weil er an der Schwelle zur Moderne stand, er war eigentlich ein *vormoderner* Architekt und war unbeeinflusst von den Gestaltungsprinzipien der modernen Architektur. Etwa zeitgleich mit der Sagrada Familia, seinem letzten Werk, entstanden moderne Ikonen wie das Fagus-Werk von Walter Gropius. Seine Architektur vereinigt beide Elemente, das *rationale* und das *expressive*, aus einer Haltung heraus, die uns heute *naiv* erscheinen mag und unberührt von den tief greifenden Brüchen, die das Architekturgeschehen der folgenden Jahrzehnte kennzeichnen würden. Er ist in unserem Sinne *Konstrukteur* und entschiedener, bewusster, kraftvoller *Gestalter* gleichzeitig. Seine Gebäudekonzepte entsprechen einer durchaus rational bestimmten kompositorischen Logik, es sind auf dieser Ebene keinerlei Willkürlichkeiten zu erkennen. Ein Gebäude wie das Colegio Teresiano ist fast schon als Rasterbau zu bezeichnen.

Seine Bauweisen sind in großen Teilen nicht-industriell, also handwerklich, wenn man von der Verwendung von halbfertigen Industrieprodukten wie Stahlwinkelprofilen, Maschendrähten, etc. absieht. Der hohe handwerkliche Aufwand, der für die Errichtung der Bauten Gaudís erforderlich war, ist in unseren Tagen nicht mehr bezahlbar. Ferner waren seine Auftraggeber begüterte Großbürger und Industrielle, so dass seine Bauten als Luxusgüter zu bezeichnen sind. Seine Architektur ist sicherlich nicht geeignet als Leitbild für eine Massenarchitektur, ein Anspruch, den die Pioniere der Moderne ja hingegen durchaus hatten.

Seine Bauten sind – wie alle anderen auch – in einem bestimmten Zeithorizont entstanden und sind deshalb einzigartig, nicht wiederholbar. Sie entstanden während einer bestimmten Episode in der industriellen und gesellschaftlichen Entwicklung seiner Heimatregion Katalonien, als ein breiter und hoch entwickelter Handwerksstand existierte. Die Grundelemente der Architektur Gaudís, nämlich Parabelbogen und katalanisches Gewölbe, entspringen der Logik und Tradition des Ziegelbaus und gehören heute nicht mehr zum Repertoire des Stands der Technik. Ist also Gaudís Werk nur eine bizarre Eintagsfliege in der Entwicklung der zeitgenössischen Architektur ohne Relevanz für unsere eigene Tätigkeit? Dies gilt sicherlich für vordergründige Aspekte seines Schaffens wie die aus unserer Sicht naive und aufdringliche Symbolik, insbesondere die aus der christlich-katholischen Mythenwelt, die unserer heutigen Sensibilität fern liegt. Übrig bleibt sein unbändiger Gestaltungswille, der sich nie hinter vermeintlichen *Zwangsläufigkeiten* verbirgt, sondern die Architekturform aktiv und souverän gestaltet. Dies geschieht, indem er ein vorgefundenes technisches Potential, die katalanische Maurerkunst, virtuos ausschöpft und in ein regelrechtes Feuerwerk vielfältiger Formen ummünzt. Er wahrt dabei stets höchste Ausführungsqualität.

Die Individualität der handwerklichen Bauweisen des ausgehenden 19. Jahrhunderts war mit den Methoden der klassischen industriellen Herstellung des beginnenden 20. Jahrhunderts nicht vereinbar. Als auslaufendes Organisations- und Funktionsmodell des Baugewerbes verlor das Handwerk bald seine Ausstrahlungskraft auf das Architekturschaffen, das sich fortan mit der Suche nach der adäquaten baulichen Antwort auf die industrielle Serienfertigung beschäftigte.

Heute

Die Lage hat sich seitdem grundlegend geändert. Das Dogma der großen Serie als Grundvoraussetzung für die wirtschaftlich sinnvolle industrielle Fertigung hat seine Grundlage verloren. Die automatisierte Fertigung ermöglicht heute erneut eine weit gehende *Individualisierung* von Bauprodukten. Die Koppelung von Planung und Fertigung (*CAD-CAM*) erlaubt die unmittelbare Übertragung von Planungsdaten an das herstellende Werk und damit ein einfaches Realisieren komplexer, insbesondere gekrümmter Bauteile und Oberflächen. Dies war früher nur durch einen engen persönlichen Austausch zwischen Planendem und Ausführendem auf der Baustelle oder in der Werkstatt möglich.

Schließlich erlauben heutige Planungswerkzeuge in Form von 3D-CAD-Software während der Planung eine präzise Ermittlung und Definition komplexer Formen, die zu Gaudís Zeiten nur mühsam mit Hilfe von Modellen möglich war.

Wir befinden uns in einer Situation, in der dem (noch) allgegenwärtigen Architekturdogma der Moderne, die dem technischen Fortschritt wie einem Fetisch huldigte, von diesem selbst schrittweise, jedoch unaufhaltsam, der konzeptionelle Boden entzogen wird. Vom fertigungstechnischen Gesichtspunkt aus, einer der *Inspirationsquellen* der klassischen Moderne, sind heute fast *alle beliebigen Formen* sinnvoll und einigermaßen ökonomisch realisierbar. Eine unerhörte Freiheit, der ein *modern gepolter* Architekt ratlos gegenübersteht.

Auch die orthogonalen Rastersysteme sind zwar als Orientierungs- und Koordinationsmuster für eine komplexe Baustruktur sowie als allgemeine formale Ordnungssysteme für eine sachlich-rational betonte Architektur zweifellos brauchbar. Sie sind hingegen aus dem Gedanken der *Serie*, der Normung und Standardisierung heraus nicht mehr zwingend.

Das auf diese Weise jenseits überlieferter Handwerksmethoden, mit Hilfe moderner industrieller Fertigungstechnik neu erschlossene Formenrepertoire verfügt zudem – geeignete Formgebung vorausgesetzt – über ein Potenzial an Tragfähigkeit und Steifigkeit, das grundsätzlich weit höhere Materialausnutzung erlaubt, als es *lineare* oder *ebene* Systeme (also Wand, Balken, Platte) je vermögen, weil diese ja vornehmlich auf *Biegung* arbeiten.

Auch dem modernen Dogma der *Wahrhaftigkeit* des architektonischen Ausdrucks und der so genannten *Materialgerechtigkeit* ist weit gehend die Grundlage entzogen: Moderne Fassadentechnik, gesteigerte energetische Anforderungen und explosionsartig angestiegene Erwartungen an den Komfortstandard in Aufenthaltsräumen haben zu einer technischen Abkoppelung der sichtbaren Außenhaut eines Gebäudes von dessen innerer Struktur geführt, das sich nach außen hin eigentlich nur mit einer spezifischen Funktionsschicht, nämlich der *Wetterhaut* präsentiert. Die restlichen Funktionsschichten und –elemente (insbesondere das Tragwerk) bleiben unsichtbar dahinter. Alternativ findet sich auch das Hintereinanderschalten verschiedener transparenter und/oder transluzenter Schichten wie bei vielen Glasdoppelfassaden. Wie soll eine Wetterhaut das *wahre Wesen* eines

Gebäudes nach außen repräsentieren und ausdrücken?

Parallel zu dieser Entwicklung verläuft die Aufspaltung der Wahrnehmungsqualität eines Gebäudes in eine unmittelbare Rezeption des Nutzers, der das Gebäude erlebt, durchschreitet, effektiv *benutzt*, und der abgelösten *medialen* Qualität der Architektur, die über den Filter des jeweiligen Mediums, also Fernsehen, Video oder dergleichen, wahrgenommen wird.

Doch jenseits der *medialen* Aufspaltung von Architektur in *Sein* und *Schein*, die – einmal als Prämisse akzeptiert – allen möglichen bizarren Teilperspektiven der Architektur das Wort redet, sofern diese spezielle Dimension des Gebauten gerade im Sucher der Kamera die Aufmerksamkeit beansprucht und gut vermarktbar ist, bleibt die alte Frage nach der Übereinstimmung und Harmonie von *Form*, *Konstruktion* und *Nutzung*. Oder die Frage, ob es eine Chance gibt, aus der gespaltenen Welt der *Gestalter/Nicht-Konstrukteure* und der *Konstrukteure/Nicht-Gestalter* auszubrechen.

Gaudí als *Gestalter/Konstrukteur* zeigt einen solchen Ausweg auf, sein Werk bleibt allerdings der direkten Imitation oder Vorbildfunktion aufgrund seiner unbändigen Individualität und seinem Eingebundensein in einem spezifischen *Zeitfenster* versperrt. Sein Wirken ist *individuell, nicht wiederholbar, nicht Schule bildend*. Es steht aber für die Möglichkeit, allen anders lautenden Beteuerungen zum Trotz, *Ratio* und *Intuition* in einem Werk zu verschmelzen und aus kultureller Sicht Einzigartiges hervorzubringen, also Identität stiftende Baukultur. Dies belegen auch die umfangreichen Feierlichkeiten in Barcelona zu seinem 150. Geburtstag. Als ein vom ideologischen Korsett der Moderne völlig Unbeeinflusster zeigt Gaudí in seinem Werk die Möglichkeiten, die in nicht-orthogonalen Tragwerksformen verborgen sind und heute noch von den meisten Architekten ungenutzt bleiben, weil sie fast 100 Jahre lang von der zentralen Lehrmeinung der Moderne tabuisiert waren. Es scheint die Zeit gekommen, umzudenken.

Biographische Daten

1852
Antoni Gaudí i Cornet wird am 25. Juni in Reus bei Tarragona als Sohn von Francesc Gaudí i Serra und Antònia Cornet i Bertran geboren.

1863-1868
Besuch des Gymnasiums in der Klosterschule Colegio de los Padres Escolapios in Reus.

1867
Erste Veröffentlichungen einiger Zeichnungen für die Zeitschrift *El Arlequín*.

1869-1874
Vorbereitungskurse an der naturwissenschaftlichen Universität Barcelona zum Studium der Architektur.

1870
Bei der Mitarbeit am Wiederaufbauprojekt des Klosters Poblet entwirft Gaudí das Wappen des Abtes.

1873-1877
Architekturstudium an der Höheren Schule für Architektur in Barcelona. In dieser Zeit stirbt Gaudís Bruder Francisco und seine Mutter Antònia. Der Vater muss seinen Grundbesitz verkaufen, um das Architekturstudium des Sohnes zu finanzieren.
   Mitarbeit Gaudís bei den Architekten Josep Fontseré (Dekoration des Parkes Ciutadella in Barcelona) und Francisco de Paula de Villar (Errichtung der Kapelle von Montserrat). Letzterer wird den Bau der Sagrada Familia beginnen.

1878-1882
Gaudí erhält am 15. März 1878 sein Architekturdiplom.
   Eusebi Güell wird zum ersten Mal durch ein von Gaudí gestaltetes Schaufenster auf den jungen Architekten aufmerksam. Er wird später sein wichtigster Kunde und Gönner.
   Seine Schwester Rosita Gaudí de Egea stirbt 1879.
   Gaudí arbeitet an dem Projekt *Obrera Mataronense*, einer Arbeitergenossenschaftssiedlung, von der nur das Fabrikgebäude gebaut wurde.
   Zusammenarbeit mit dem Architekten Joan Martorell und dadurch Einblick in die neugotische Bauweise.

1883
Mit 31 Jahren übernimmt Gaudí die Nachfolge beim Bau der Sagrada Familia von Francisco de Paula de Villar und Joan Martorell, auf dessen Empfehlung. Die Grundsteinlegung der Sagrada Familia war ein Jahr zuvor.

1883-1888
Casa Vicens, Barcelona.
Das Gebäude wurde für den Keramikfabrikanten Manuel Vicens Montaner gebaut und ist vom maurischen Stil beeinflusst. Es werden farbige Kacheln und Ziegel miteinander kombiniert.
   Arbeit an dem Projekt *El Capricho*, einem Landhaus in Comillas für Don Máximo Díaz de Quijano. Gaudí übergibt die Leitung der Bauarbeiten an den Architekten Cristófol Cascante i Colom.

1884-1887
Die ersten großen realisierten Bauten für Güell, auf dessen Gut in Les Corts, entstehen.

1886-1889
Errichtung eines Stadtpalastes für Güell in Barcelona.
   In dieser Zeit reist Gaudí mit dem zweiten Markgrafen von Comillas durch Andalusien und Marokko.

1887-1893
Bischofspalast von Astorga, León.

1888-1889
Weiterbau des Colegio Teresiano.

1891-1892
Casa de los Botines in León.
Gaudí setzt zum ersten Mal eine Skulptur in seinen Bauten ein.
    Er reist nach Málaga und Tanger um sich vor Ort ein Bild für die geplanten *Misiones Católicas* zu machen. In seinem Entwurf entstehen die ersten spindelförmigen Glockentürme, die später ein Hauptmerkmal der Sagrada Familia sein werden.

1893
Der Bischof von Astorga stirbt. Daraufhin legt er die Arbeiten am Bischofspalast nieder, da es Unstimmigkeiten mit der Episkopalverwaltung gibt.
    Für die Grabstätte seines Gönners entwirft Gaudí den Katafalk für das Begräbnis und die Grabplatte.

1894
Während der Fastenzeit bringt sich Gaudí durch strenges Fasten selbst in Gefahr. Dies zeigt, wie sehr er sich nun der Religion zugewandt hat.

1895-1901
Für Güell errichtet Gaudí zusammen mit seinem Freund Francesc Berenguer i Mestres einen Weinkeller in Garraf, Sitges.

1898
Gaudí beginnt mit der Planung für die Kirche der Colonia Güell in Santa Coloma der Cervelló, Barcelona. Trotz langer Planung wird später von diesem Projekt nur das Eingangstor und die Krypta gebaut.

1898-1900
Casa Calvet in Barcelona.
Hierfür bekommt Gaudí 1900 den Preis für das beste Bauwerk der Stadt. Es ist die einzige offizielle Auszeichnung, die ihm je verliehen wird.

1900
Für das Kloster Montserrat wird Gaudí für ein Rosenkranzprojekt beauftragt.

1900-1909
Gebäude Bellesguard in Barcelona.
Auf einer Anhöhe in Barcelona errichtet Gaudí für Maria Sagués ein Landhaus im Stil eines mittelalterlichen Schlosses. Durch die schöne Aussicht erhält das Gebäude seinen Namen.

1900-1914
Park Güell in Barcelona.
Gaudi beginnt mit dem ehrgeizigen Projekt Güells, einer weitläufigen Anlage am damaligen Rand von Barcelona auf dem Berg *Muntanya Pelada*. Von den geplanten Wohngebäuden werden nur zwei am Eingangsbereich verwirklicht. Bis 1914 gestaltet er den Eingangsbereich, die große Terrasse, Wege und Straßen mit Mauern, Treppen, Bänken und Pavillons.
    Er wohnt mit seinem greisem Vater († 1906) und seiner Nichte († 1912) in einem der Häuser.

1901
Für das Gut des Fabrikanten Güell entwirft Gaudí eine Mauer und das Eingangstor.

1903-1914
Restaurierung der Kathedrale von Palma de Mallorca im Einklang mit dem mittelalterlichen Stil des Gebäudes.

1904-1906
Casa Battló in Barcelona.
Umbau eines bestehenden Gebäudes auf dem Paseo de Gracia.

1906-1910
Casa Milá in Barcelona.
Gaudís größtes Wohnhausprojekt. Er arbeitet mit Rubió, Jujol, Bayó und Canaleta zusammen.

1908
Gaudí entwirft ein Hotel in New York, das aber nicht realisiert wird.
  Bau der Krypta der Colónia Güell in Santa Coloma de Cervelló. Zusammen mit Francesc Berenguer i Mestres erstellt Gaudí Modelle zur Kirche und zum Kettenbogen.

1910
In Paris findet eine Ausstellung über die Arbeit von Gaudí statt. Diese wird von der *Société Nationale de Beaux-Arts* veranstaltet und ist die einzige große Ausstellung im Ausland zu Lebzeiten Gaudís.

1914
Gaudís enger Freund und Mitarbeiter Francesc Berenguer i Mestres stirbt.
  Er widmet sich ausschließlich der Arbeit an der Sagrada Familia.

1926
Am 7. Juni erfasst eine Straßenbahn Gaudí bei einem Spaziergang. Im *Hospital de la Santa Creu* in Barcelona stirbt er drei Tage später, am 10. Juni 1926. Er wird unter großer Anteilnahme der Bevölkerung in der Krypta der Sagrada Familia beigesetzt.

Biographische Daten

Bak, Peter: Gaudí: rationalist met perfecte materiaalbeheersing. Delft, 1979.

Bassegoda Nonell, J.; J.M. Garrut Rom: Guía de Gaudi. Elicien, Editiones Literarias y Cientificias, Barcelona, 1970.

Bassegoda Nonell, J.,e.a.: Iglesia de la colonia Guell, Gaudí. Editiones Beascoa, Barcelona, 1972.

Bassegoda Nonell, Juan: Die Bauwerke von Gaudí in Barcelona. Herrsching, 1989.

Bergós Massó, J.: Gaudí, l'Home i l'Obra. Ariel, Barcelona, 1954.

Bergós Massó, J.: Materiales y Elementos de Construccion, Estudio Experimental. Bosch, Barcelona, 1953.

Bergós, Juan: Las conversaciones de Gaudí con Juan Bergós. Hogar y Arquitectura. 112.

Bohigas, O.; L. Pomés: Arquitectura Modernista. Editorial Lumen, Barcelona, 1968.

Burry, Mark: Expiatory Church of the Sagrada Família. London 1993.

Burry, Mark: City icons. Antoni Gaudí - Expiatory Church of the Sagrada Familia; Warren and Wetmore - Grand Central Terminal; Jørn Utzon - Sydney Opera House. London, 1999.

Carmel-Athur, Judith: Antoni Gaudí: visionary architect of the sacred and the profane. London, 1999.

Casanelles, E.: Antoni Gaudí, a Reappraisal. Poligrafa, Barcelona, 1965.

Casanelles, E.: Antoni Gaudí, a Reappraisal. Greenwich, Conn., 1968.

Cirlot, Juan Eduardo: El arte de Gaudí. Barcelona, 1954.

Collins, G.R.: Antoni Gaudí. George Braziler Inc., New York, 1960.

Collins, G.R.: Antoni Gaudí. Ravensburg, 1962.

Collins, Tarragó, Aeba, Gaudí, Tange: Antonio Gaudí. Architecture and Urbanism. 86, Tokyo, December 1977. extra issue.

Collins, G.R., M.E. Farinas: Antoni Gaudí and the Catalan Movement 1870-1930. The Am. Ass. Architectural Bibliographers, Papers, Volume X, The University Press of Viginia, Charlottesville, 1973.

Crippa, Maria Antonietta: Gaudí. Interieurs, Möbel, Gartenkunst. Ostfildern-Ruit, 2001.

Dalisi, Riccardo: Antoni Gaudí - Möbel und Objekte. Stuttgart, 1981.

Descharnes, Robert: La vision artistique et religieuse de Gaudí. Lausanne, 1969.

Filizzola, Juan; Gaudiano, Sergio: Torre ponte - radio a Roma Laurentina. Radio relay tower at Rome Laurentina. L´industria italiana del cemento,1986, Nr. 3

Flores, Carlos: Gaudí, Jujol y el modernismo catalán. Band 1+2, 1982.

Futagawa, Y., M.L. Borrás: Antoni Gaudí. Casa Batlló and Casa Milá. G. A. Global Architecture, 17 A.D.A. Edita, Tokyo, 1972.

Gaudí, Antoni: Gaudí. Barcelona, 1994.

Gaudí, Antoni: Antoni Gaudí: Buch mit 30 Kunstpostkarten. Stuttgart 1991.

Gerlach, Siegfried; Thomas, Martin: Gaudí-Führer durch Barcelona. Dortmund, 1991.

Gómez Serrano, Josep: La Sagrada Familia. de Gaudí al CAD; disseny, arquitectura i urbanisme. Barcelona, 1996.

Gómez Serrano, Josep: L'obrador de Gaudí. Barcelona, 1996.

Gräfe, Rainer: Historisches zur Formfindung von Wölbformen mittels Hängemodellen. Zur Rekonstruktion des Hängemodells von Antoni Gaudí. Baumeister, 1983, Nr. 5.

Gräfe, Rainer: Entwerfen mit Hilfe von Hängemodellen. Antoni Gaudí's Modell für die Kirche der Arbeitersiedlung Güell. München, Werk, Bauen und Wohnen, 1983. Nr. 11.

Gräfe, Rainer; Tomlow, Jos; Walz, Arnold: Ein verschollenes Modell und seine Rekonstruktion. Die Konstruktiven Experimente des Antoni Gaudí in einer Züricher Ausstellung. Bauwelt, 1983, Nr. 15.

Güell, Xavier: Antoni Gaudí. Editorial Gustavo Gili, SA, Barcelona, 1986. ISBN 84-252-1255-3.

Güell, Xavier: Gaudí guide. Barcelona, 1994.

Hanig, Florian: Barcelona. Hauptstadt der Kreativen; El Raval, ein Viertel im Höhenflug. Hamburg, 2000.

Hernàndez Cros, J.E., G. Mora, X. Pouplana: Guía de Arquitectura de Barcelona. Colegio Oficial de Arquitectos des Cataluña y Baleares, Barcelona,1973. tweede druk.

Hurtado, Victor: Antoni Gaudí: 1852 - 1926. Barcelona, 1986.

Illig, Norbert; Schüttler Matthias: Excursión Barcelona, vom 15. bis 26. Sept. 1985. Düsseldorf, 1986.
Jencks, Ch. A: The Language of Post-Modern Architecture. Academy Editions, London, 1978, revised ed.

Lafeber, Jos: Gaudí nuchter bekeken. Gaudí, nüchtern betrachtet. De Architect, 1988, Nr. 5.

Lahuerta, Juan José: Antoni Gaudí. 1852 - 1926; architettura, ideologia e politica. Milano, 1992.

Le Corbusier: Gaudí. Barcelona, 1967.

Le Roy, Louis G.: Frutsels en fratseles. Ornamente, Ornamente. Amsterdam, Plan, 1981, Nr. 10.

Lesnikowski, Wojciech G.: Rationalism and romanticism in Architecture. Hamburg, 1982.

Mackay, David: Modern architecture in Barcelona: 1854 - 1939. Berlin, 1989.

Martinell, César: Gaudí: Su vida, su teoría, su obra. Colegio Oficial de Arquitectos, de Cataluña y Baleares, Comisión de Cultura, Barcelona, 1967.

Martinell, César: Gaudí: his life, his theories, his work. red. George R. Collins, Editorial Blume, Barcelona, 1975.

Martinell, César: Conversaciones con Gaudí. Ediciones Punto Fijo, Barcelona, 1969.

Martinell Brunet, César: Construcciones Agrarias en Cataluña. Colegio Oficial de Arquitectos de Cataluña y Baleares, Editorial la Gaya Ciencia S.A., Barcelona, 1975.

Masini, Lara Vinca: Antoni Gaudí. Luzern, Freudenstadt, Wien, 1969.

Molema, J.: Antoni Gaudí, een weg tot oorspronkelijkheid. 2 dln, TU Delft, ditstributie, Academia, Delft, 1987. ISBN 90-711-37-04X.

Moravánszky, Ákos: Antoni Gaudí. Berlin, 1985.

Mower, D,: Gaudí. Oresko Books Ltd, London 1977.

Nehrer, Manfred: Die Ausstellung „Antoni Gaudí" und „Barcelona - Raum und Skulptur" im Wiener Künstlerhaus. Konstruktiv, 1987, Nr. 140.

Nuttgens, Patrick: Understanding modern architecture. London, 1988.

Obras Completas de Gaudí. Rikuyo-sha Publishing, Inc., Tokyo, 1979.

Offermann, Klaus: Architekten - Antoni Gaudí. Stuttgart, 1991.

Pane, R.: Antoni Gaudí. Edizione di Comunitá, Milano, 1964.

Pelissier, Alain: Aux sources de la jeune architecture. An den Quellen der jungen Architektur. TA, Techniques et Architecture 1986, Nr. 366.

Perucho, Joan: Gaudí: una arquitectura de anticipación. Barcelona, 1967.

Pevsner, N., e. a.: The Penguin Dictionary of Architecture. Harmondsworth, 1974. blz. 113.

Posener Julius: Jugendstil. Arch +, 1981, Nr. 59.

Puig Boada, I.: L'Esglesia de la Colonia Güell. Editorial Lumen, Barcelona, 1976.

Ráfols, J. F.: Antoni Gaudí. Editorial Canosa, Barcelona, 1929.

Raillard, Edmond: Le parc Güell de Gaudí; Der Park Güell von Gaudí. une ecole au hasard; eine Schule durch Zufall. 1982, TA, Techniques et Architecture, Nr. 344.

Sack, Manfred; Mayer, Thomas: Wogende Gebäude. Die wundersame Baukunst des Katalanen Antoni Gaudí. Zeitmagazin, 1988, Nr. 13.

Schindler, Norbert: IFPRA-Congress Barcelona 1983. Gartenamt 32,1983, Nr. 12.
Schroeder, Veronika: Barcelona. München, 1992.

Sola-Morales i Rubio, Ignasi de: Modernisme. Die katalanische Spielart des Jugendstils.

Stuttgart, 1985.

Sterner, Gabriele: Barcelona, Antoni Gaudí y Corn'et. Architektur als Ereignis. Köln, 1979.

Sweeney, J. J.; Sert, J. Ll.: Antoni Gaudí. Verlag Gerd Hatje, Stuttgart, 1960. Verlag Arthur Niggli, A.G., Teufen, paperback-editie.

Tabor, Jan: Konstruierte Spiritualität. Konstruktiv, 1987, Nr. 140.
Tarragó, S.: Gaudí. Editorial Escudo de Oro s. a..Barcelona, 1974.

Tomlow, J.: Das Modell, Antoni Gaudí's Hängemodell und seine Rekonstruktion - Neue Erkenntnisse zum Entwurf. IL Universität Stuttgart, Stuttgart, 1989. ISBN 3-7828-2034-7.

Torii, T.: El Mundo Enigmático de Gaudí. 2 dln, Instituto de España, Madrid, 1983. ISBN 84-85590-30-4.

Torroja, E.: Logik der Form. Verlag Georg D.W. Callwey, München, 1961.

van Hensbergen, Gijs: Gaudi. London, 2001.

Wächter-Böhm, Lisbet: Antoni Gaudí und Barcelona. Zwei Ausstellungen im Wiener Künstlerhaus. Architektur aktuell, 1987, Nr. 121.

Wehnert, Felicitas: Die unvollendete Kathedrale „Sagrada Familia" in Barcelona. Steinmetz und Bildhauer, 1985, Nr. 1.

Wendland, David: Modelbased formfinding processes Free forms in structural and: free forms in structural and architectural design. Stuttgart, 2000.

Wiedemann, Josef: Antoni Gaudí: Inspiration in Architektur und Handwerk. München, 1974.

Zerbst, Rainer: Gaudí: 1852 - 1926. Antoni Gaudí i Cornet - ein Leben in der Architektur. Köln, 1987.

Tomlow, J.: Das Modell - Antoni Gaudís Hängemodell und seine Rekonstruktion - , (Dissertation), Mitteilungen des Instituts für leichte Flächentragwerke (IL), Bd 34, Stuttgart 1989

Tomlow, J.: Neue Interpretation von Antoni Gaudís Entwurf der Franziskaner-Mission in Tanger, in: Zur Geschichte des Konstruierens, hrsg. von R. Graefe, Stuttgart 1989, S. 129-137

Tomlow, J.: Die Einführung einer neuen Konstruktionsform durch Suchov und Gaudí, in: V.G. Suchov (1853-1939) Die Kunst der sparsamen Konstruktion, bearb. von R. Graefe, M. Gappoev, O. Pertschi, Stuttgart 1990, (russisch Moskau 1994), S. 110-114

Tomlow, J.: "Ich zähle nur auf meine Zahlen" - Ein Interview mit Félix Candela über die historischen Hintergründe seiner Werke, in: Deutsche Bauzeitung, 126. Jahrgang, 8 / August 1992, S. 72-81

Tomlow, J.: Gestalten und Konstruieren mit Ziegeln - der Beitrag von Antoni Gaudí (1852-1926), in: Ziegelindustrie International, 10/1993, S. 597-605

Tomlow, J.: Josep-Maria Jujol - Rekonstruktion und Weiterbau der Kirche Santuari de Montserrat, Montferri, in: Deutsche Bauzeitung, 128. Jg. 5/1994, S. 44-47

Tomlow, J.: Bericht über die Fertigstellung der Montferri-Kirche von Josep-Maria Jujol i Gibert, in: Gaudinismo - Projekte der Gaudí-Schüler Jujol und Rubió, Geschichte des Konstruierens VII, Konzepte SFB 230 Heft 43, Stuttgart Juli 1995, S. 9-275

Tomlow, J.: Der geometrische Faktor beim Konstruieren, in: Prozeß und Form „Natürlicher Konstruktionen", Der Sonderforschungsbereich 230, hrsg. v. K. Teichmann, J. Wilke, Berlin 1996, S. 75, 77-83

Tomlow, J.: The Colonia Güell Church between the franciscan Mission post in Tangier and the Sagrada Familia designs after 1915, in: Circular Centre d'Estudis Gaudinistes, Barcelona, Número 3, julio de 1996, S. 1-5

Tomlow, J.: The hanging model - Some historical applications and its use in experimental historical survey, in: Proceedings of the International Conference on Studies in Ancient Structures 1997, Yildiz University Istanbul, 14.-18.7.1997

Tomlow, J.: Montferri's Chapel at Montserrat (japanisch), in: Space Design 9904 - Monthly Journal of Art and Architecture 1999/4, S.64